ERRATA

[Letra só] CAETANO VELOSO

Nas páginas 337-38 (Créditos das canções), parte dos créditos das canções compostas por Caetano Veloso em parceria com Gilberto Gil e Milton Nascimento está incorreta.

Os 50% referentes a Gilberto Gil nas canções "Cinema novo", "Haiti", "Divino maravilhoso" e "No dia em que eu vim-me embora" pertencem a GEGE EDIÇÕES MUSICAIS (Brasil e América do Sul)/PRETA MUSIC (resto do mundo).

Os 50% referentes a Milton Nascimento na canção "A terceira margem do Rio" pertencem a NASCIMENTO EDIÇÕES MUSICAIS.

[Letra só] CAETANO VELOSO

LETRA SÓ
Caetano Veloso

Seleção e organização
Eucanaã Ferraz

COMPANHIA DAS LETRAS

Agradecimentos

Adriana Calcanhotto
Antonio Cicero
Graça Matias Ferraz
e muito especialmente
Luís Henrique Costa,
o Gordinho

Sumário

CINEMA FALADO, POEMA CANTADO [Eucanaã Ferraz], 11

Letra só

EIS AQUI TUDO DE NOVO 25

Onde eu nasci passa um rio, 27
No dia em que eu vim-me
    embora, 28
Acrilírico, 29
Adeus, meu Santo Amaro, 30
Nicinha, 31
Mãe, 32
Tudo de novo, 33
Trilhos urbanos, 34
Jenipapo absoluto, 36
13 de maio, 37

A BAHIA, ESTAÇÃO PRIMEIRA
DO BRASIL 39

Quem me dera, 41
Beleza pura, 43
Itapuã, 45
Bahia, minha preta, 47
Onde o rio é mais baiano, 49

O MONUMENTO NO PLANALTO
CENTRAL DO PAÍS 51

Tropicália, 53
Alegria, alegria, 56
Superbacana, 58
Paisagem útil, 60
Baby, 62
Enquanto seu lobo não vem, 64
É proibido proibir, 65
Divino maravilhoso, 66
Não identificado, 68

ALGUÉM CANTANDO 69

A voz do morto, 71
Saudosismo, 73
Drama, 75
Lua lua lua lua, 76
Alguém cantando, 77
Muito romântico, 78
Força estranha, 79
Nu com a minha música, 81
Minha voz, minha vida, 83
Noite de hotel, 84
Desde que o samba é samba, 85
Errática, 86
Pra ninguém, 88
Sou seu sabiá, 90

SOU UM HOMEM COMUM 91

Coração vagabundo, 93
Janelas abertas nº 2, 94
You don't know me, 95
Araçá blue, 96
O conteúdo, 97
Diamante verdadeiro, 99
Muito, 100
Peter Gast, 101
Reconvexo, 102

GENTE 103

Maria Bethânia, 105
Two Naira Fifty Kobo, 106
O Leãozinho, 107
Gente, 108
Menino do Rio, 110
Os meninos dançam, 111
Vera gata, 112
Uns, 113
Neide Candolina, 115
Rock'n'Raul, 117

BRUTA FLOR DO QUERER 119

De manhã, 121
Avarandado, 122
Domingo, 123
Um dia, 124
Clara, 126
Esse cara, 128
Você não entende nada, 129
Como dois e dois, 130
Da maior importância, 131
Eu te amo, 133
Dom de iludir, 134
Ela e eu, 135
Rapte-me, camaleoa, 136
Nosso estranho amor, 137
Escândalo, 138
Meu bem, meu mal, 139
Queixa, 140
Sete mil vezes, 142
Você é linda, 143
Eclipse oculto, 146
O quereres, 149
Comeu, 151
Tá combinado, 153
Etc., 154
Branquinha, 155
Este amor, 157
Lindeza, 159
Você é minha, 160
Não enche, 162
Você não gosta de mim, 164
Tempestades solares, 166
Dor-de-cotovelo, 167

PROJETO BRASIL 169

Jóia, 171
Um índio, 172
Love, love, love, 174
Jeito de corpo, 176
A outra banda da terra, 178
Podres poderes, 180
Vamo comer, 182
Os outros românticos, 185
Fora da ordem, 186
O cu do mundo, 188
Haiti, 189

ESSA CIDADE ME ATRAVESSA 193

London, London, 195
Flor do cerrado, 197
Sampa, 198
Tempo de estio, 200
Vaca profana, 201
O nome da cidade, 203
O estrangeiro, 205
Americanos, 208
Aboio, 210
Manhatã, 211
Cantiga de boi, 212
Meu Rio, 213

PEDRA VIDA FLOR 215

A rã, 217
Canto do povo de um lugar, 218
Gravidade, 219
Asa, 220
Pelos olhos, 221
A grande borboleta, 222
Cá já, 223
Lua de São Jorge, 225
Queda-d'água, 227
Purificar o Subaé, 228
Luz do sol, 229
Shy moon, 230
Eu e água, 231
Vento, 232

EXISTIRMOS: A QUE SERÁ QUE SE DESTINA? 233

Terra, 235
Pecado original, 238
Cajuína, 239
Pele, 240
O homem velho, 241
O ciúme, 242

OS DEUSES SEM DEUS 243

Gênesis, 245
Oração ao tempo, 247
Gema, 249
Menino Deus, 251
Milagres do povo, 252
Santa Clara, padroeira
   da televisão, 254

OUTRAS PALAVRAS 257

Julia / Moreno, 259
De palavra em palavra, 260
Épico, 261
Pipoca moderna, 262
Samba da cabeça, 263
Outras palavras, 264
Ele me deu um beijo na boca, 266
Eu sou neguinha?, 269
Rai das cores, 271
Doideca, 273
Alexandre, 275

EU QUERO SER CINEMA 279

Cinema Olympia, 281
Nine out of ten, 282
Giulietta Masina, 283
Cinema novo, 284
Michelangelo Antonioni, 286

MUNDOS NO MUNDO 287

Os argonautas, 289
Língua, 290
A hora da estrela de cinema, 293
José, 294
Outro retrato, 295
A terceira margem do rio, 296
A luz de Tieta, 298
Livros, 300

O BATER DO TAMBOR 301

Atrás do trio elétrico, 303
Um frevo novo, 304
Chuva, suor e cerveja
    (Rain, sweat and beer), 305
Cara a cara, 306
Muitos carnavais, 307
O bater do tambor, 308
Miragem de carnaval, 309
Os passistas, 310

QUALQUER COISA 311

A tua presença morena, 313
Negror dos tempos, 315
Qualquer coisa, 316
Os mais doces dos bárbaros, 317
Tigresa, 318
Tapete mágico, 319
Trem das cores, 320
Boas-vindas, 321
Um tom, 322
Zera a reza, 323

Bibliografia, 325

Siglas dos discos e CDs referidos
    no índice alfabético, 326

Índice alfabético das canções, 329

Créditos das canções, 337

Sobre o autor, 339

Sobre o organizador, 341

Cinema falado, poema cantado

EUCANAÃ FERRAZ

1

Não se trata, aqui, de *escrita*.

2

Penso, inicialmente, nas várias e longas entrevistas de Caetano. Apesar da condução incisiva das questões que abraça, assistimos mais que à exteriorização do que está pronto: acompanhamos o alçar de um pensamento e de uma *fala* ela mesma, pontuada por vazios, reminiscências, desvios.

3

Seria possível falar-se em *pedagogia*, já que esta *fala* — marcada, a um só tempo, por uma total naturalidade e por uma intensa reflexão sobre si mesma — como que procura instalar uma ciência do contato e do diálogo capaz de incorporar a intuição, o improviso, o deslizamento de conceitos; enfim, como se inventasse a si mesma ao modo de uma educação transfiguradora. Estamos bem distantes dos espetáculos vazios e mitificadores. Ao contrário, nesta *fala* operam conceitos, métodos (por mais que pareçam mais ou menos fortuitos, contraditórios) que não buscam menos que o desenvolvimento intelectual e moral da imprensa, do público, do mercado, do país.

4

Assistimos ao fluxo cambiante de um imaginário, a uma rara aptidão para o *discurso público*.

5

Esta *fala* sobre o cinema, a arte, a crítica, o Brasil, o sexo, a infância, a música, a televisão, a transgressão, os outros, a política, sempre foi um modo de experimentar o quanto tais matérias permitem ser *faladas*, o quanto pode expressá-las e expressar a ausência delas, presentificando-as então pela memória ou pelo projeto.

6

Vê-se aí o desejo de engendrar, simultaneamente, uma *estética* e uma *ética*. Digamos que a utopia desta *fala* seria fundar no seu próprio ato uma espécie de *escuta total*: desnudamento, verticalidade, afirmação da língua, da cultura, do corpo, da mobilidade, das individualidades. Um ânimo "sem lenço e sem documento", convite a existências livres, empenhadas no exercício contínuo da aprendizagem.

7

Caetano *fala*: efusivo, excessivo, longe da economia restritiva da *escrita*. A *fala* irradia-se largamente em reflexões que se constroem-desconstroem. É, então, uma maneira de cantar: abre-se aos ritmos, às melodias, inflexões, modulações, repetições.

8

Esta *fala* tem ainda, digamos, uma força *plástica*, pelo seu apego ao corpo, aos contextos imediatos, à mutação deles,

aos materiais que conformam o diálogo e o discurso *ao vivo*.
O pensamento desvia de seu ponto de partida, retorna a ele,
deixa os rastros desta deriva gravados no tempo, no espaço,
no ouvido.

9

Radicalmente singular, esta *fala* absorve, consigna e desen-
volve inúmeros marcos exteriores, efêmeros. E quanto mais
se afirma o eu, mais se desenha seu interlocutor e o contexto.
Mais o diálogo se erotiza.

10

Ensina a lingüística que a *fala* é o modelo de todas as lingua-
gens. Como se partisse daí e buscasse a radicalidade possível
deste limite, Caetano dirigiu, em 1986, o longa-metragem
O Cinema Falado, até agora sua única experiência por trás
das câmeras.

11

Sabemos todos que a *fala* tem uma base contratual coletiva
e ampla. O cumprimento de suas leis pelos falantes cria
uma naturalidade (ainda que absolutamente cultural) que
está na base mesmo da poesia (o exemplo mais acabado de
uma linguagem constituída pelo movimento de lançar-se
para fora da língua). A *imagem cinematográfica*, ao contrário, é uma invenção total, resultado de uma técnica vaza-
da em códigos restritos. O estrato visível do cinema — a
imagem — tem a ver com os sentidos, o material, o erótico,
e também com a memória e o inconsciente, na medida em
que é presença bruta, a exprimir-se por si mesma. A *fala*
acrescenta-lhe artificialidade (ainda que se apresente como

inteiramente natural) e refinamento. O cinema *da imagem* seria *mudo*. Seu oposto, o *cinema falado*, é aquele que se dimensiona a partir da constatação de que o absoluto da imagem (sua pureza) é impossível: a linguagem cinematográfica inventou como seu destino a absorção da *palavra*. Caetano parece querer investigar esta dinâmica instrumental devoradora do cinema com a exacerbação do valor da fala: citações, poemas, canções, diálogos.

12

Mas se *O Cinema Falado* infunde de sobejo a fala na virtual mudez da imagem, nem por isso recorre à narratividade. Aproxima-se, ao contrário, da poesia, do verso, da colagem, da metáfora.

13

O *escrito* surge na leitura, em voz alta: João Gilberto, Guimarães Rosa, Thomas Mann, Antonio Cicero e outros surgem como vozes. Todas elas, no entanto, soam como uma única: a daquele que as reuniu ali, como a voz inventada de um eu lírico, tramada na tensão entre a singularidade de seu *supra-emissor*, digamos assim, e a diversidade das *falas faladas*. E, mais uma vez, o discurso é público, exige o auditório, incita a crítica, surge da indústria e afirma-se como artesanato.

14

Estranho artesanato, porém, que não se pauta pela destreza em busca do bom acabamento ou mesmo da perfeição. Mas artesanato, sim, porque o filme se define (e ao cinema) estética e ideologicamente como atividade produtiva de caráter individual.

15

A *fala* está diretamente ligada ao corpo, à presença dele, visto que nela não há mediações. No cinema, Caetano tenta não perder o corpo, agarrando-se à *fala*. Mesmo o tempo da filmagem — mínimos dezessete dias — imitou, de certo modo, a urgência da fala.

16

E assim como o cinema é *falado*, o poema é *cantado*. Repito: não se trata, aqui, de *escrita*. Também o poema é: *falado*.

17

Poema para a *voz*, não para a *folha*. E, *poema público*, que pode ser fruído coletivamente, que toca no rádio, na TV, que pode ser dançado. São diferentes mecanismos de criação, suportes de veiculação, relações com o mercado, modos de recepção e, por fim, outras são as expectativas do criador.

18

As palavras do *poema cantado* vêm parar aqui, num livro, por um gesto de extrema violência: a supressão da música. Letra só. Letra desamparada.

19

O *poema cantado* tem de ser pensado na seara da música, não na chamada série literária. Mas os vários e fortes pontos de confluência entre elas no trabalho de Caetano Veloso desviam nossa visão para certos "descolamentos": em primeiro lugar, aqueles iniciados em fins da década de 60, com a mescla das chamadas alta cultura e cultura de massa, bastando citar como referências maiores os Beatles, a *Pop Art*, o cinema de Godard e, em terras brasileiras, a Poesia Concreta e o Tropicalismo, este último tendo à frente, entre outros, o próprio Caetano; em segundo lugar, a singularidade do autor, sobretudo sua inclinação para trabalhar com deslocamentos conceituais, formais, deslizamentos capazes de levar ao extremo as dimensões estética e existencial cabíveis na canção.

20

Este livro é mais um ato de desarticulação/arranjo conseqüente com uma obra cuja principal via é o desvio. E, nesta condição de *letra só*, contrariando sua natureza de *letra em melodia*, a palavra passa a viver artificialmente a condição de *escrita*.

21

Aqui, apartadas da continuidade melódica, as palavras reclamam nossa concentração em sua materialidade, em sua inscrição, na descontinuidade dos versos e das estrofes. Vemos, então, uma economia do mínimo, mas também longas estruturas narrativas; construções próximas da poesia concreta e armações regulares quanto às estrofes e rimas; simplicidade extrema ao lado de grande sofisticação formal. Não se poderá separar com segurança a ironia, a citação e a paródia nesta poética despida o mais possível de hierarquias e fronteiras seletivas. Modalidades literárias, vocabulário sofisticado e dicção nobre entram em jogo como resíduos de uma tradição introjetada, negada, deformada, a que se chega por sobre os escombros das vanguardas e pela via da música, seja a moderna bossa nova, seja a tradicional canção de rádio da década de 50.

22

De qualquer modo, intensidade e paixão ditam o texto, propenso a ser um amplexo que, generosamente, abarca e aceita a "contribuição milionária" de tudo, desde que com isso se exprima uma *verdade*, a mais íntima.

23

Talvez se crie no leitor, antes ouvinte, a desconfiança de que as canções, que sempre soaram *equilibradas* — letra e melodia a formar um corpo único e harmonioso — talvez "vivam", mais propriamente, num estado de *quase-equilíbrio*. E, sem dúvida, a excepcionalidade da *palavra* lhe parecerá o elemento chave da desproporção.

24

De fato, às experimentações e ousadias com a palavra — desde o Tropicalismo até à produção mais recente — nem sempre correspondem formas musicais arrojadas. No entanto, são estas melodias e/ou harmonias aparentemente simples e de aceitação mais ou menos fácil que acabam por tornar possível um projeto que, radical no uso da palavra, vem aclimatado na canção. Contudo, anoto: Caetano não raro fez e faz uso de formas musicais distantes da tradição melódica e tonal; e aderiu de modo irrestrito a uma música rigorosamente experimental nos discos *Araçá Azul* e *Jóia*. Sem este horizonte, mas no sistema geral da obra, não será uma experimentação o abraço desassombrado ao jazz, ao *funk*, ao brega, ao *techno*, ao axé, ao *rap*, ao erudito, ao popular, ao lixo? Está claro: vale mais a tensão que a decisão, a deriva que o descanso, a mutação que a identidade.

25

Tal tendência à "dissonância" talvez se relacione com o fato de a música de Caetano ser devedora da modernidade da Bossa Nova, especialmente de João Gilberto. Mas, decerto, aponta igualmente para o afastamento desta mesma linhagem em direção às artes mais violentas de vanguarda e à cultura *pop*, especialmente o *rock'n'roll*. Por todo efeito, o que se produz está em divergência com as noções convencionais de equilíbrio e harmonia.

26

Tropicalismo: abrindo a música para a experimentação vanguardista e, conseqüentemente, vulgarizando os procedimentos formais das vanguardas (os tropicalistas operavam um retorno aos procedimentos mais radicais do modernismo dos anos 20 e dialogavam com a poesia concreta dos anos 50), Caetano, Gilberto Gil e seus parceiros, Torquato Neto, Capinam e Tom Zé, não apenas atuaram de modo heterodoxo no quadro da música popular brasileira — que, sem dúvida, acabou por produzir *a poesia* dos anos 60, já em fins da década —, mas também orientaram os rumos do que se faria nos anos 70: a radicalização do processo de "abertura" do poema teve grande impulso, e os poetas surgidos então, na esteira do que se fizera no Tropicalismo, apostaram na inserção do efêmero, do volátil, do circunstancial no território pretensamente estável e mais ou menos cerrado da poesia. Franqueou-se, com tal desejo, uma trilha que levaria a certa desintelectualização, muito afim dos movimentos da chamada contracultura.

27

As letras de Caetano davam uma medida valiosa para a poesia escrita e para a canção: versos de pulsação acelerada, colagem, cosmopolitismo, brasilidade, dança, corpo; entrada e saída rápida de desejos, fracassos e alegrias. Em conversa com a tradição poética: o retorno à síntese alegórica e anárquica de Oswald de Andrade e, simultaneamente, ao lirismo cotidiano e irônico de Manuel Bandeira. O filtro: a radicalidade construtiva de João Cabral de Melo Neto e sua releitura pelos concretistas. Enfim, arranjos múltiplos que misturavam arte e vida, lixo cultural e revolução de costumes, o "baixo", elevado à condição excelente de signo dotado de valor estético e existencial, e o "alto", trazido ao solo comum das coisas mais prosaicas.

28

Dessacralização, sim, de natureza crítica e intelectual, mas cuja base era — e é — menos o conhecimento e a distância que o envolvimento e a apreciação sentimental: *canção*. Ou ainda, *poemas cantados*, na (des)continuidade das obras de Noel Rosa, Lamartine Babo, Ary Barroso, Dorival Caymmi, Lupicínio Rodrigues, Luiz Gonzaga, Tom Jobim, Vinicius de Moraes, João Gilberto e Roberto Carlos.

29

A atenção distribuída pela cena vária do cotidiano, pelas questões pungentes da vida brasileira, mas também o indagar-se penetrante de matérias como a solidão, a natureza, a existência, a morte, emprestam à poética de Caetano a dimensão de uma *fala* que requer algum arranjo capaz de iluminar seus pontos essenciais. Movida por tal idéia, esta seleção e agrupamento toma por método aquele usado por Carlos Drummond de Andrade na organização de sua poesia na *Antologia poética* (Ed. do Autor, Rio de Janeiro: 1962). Ali, ele explica que ao estruturar o volume "não teve em mira, propriamente, selecionar poemas pela qualidade, nem pelas fases que acaso se observem em sua carreira poética. Cuidou antes de localizar, na obra publicada, certas características, preocupações e tendências que a condicionam ou definem, em conjunto". Aqui, igualmente, enfeixei as letras de Caetano a partir de suas familiaridades temáticas ou formais, sem obedecer ao agrupamento por discos ou à seqüência cronológica (apenas dentro de cada segmento as letras são alinhadas da mais antiga para a mais atual).

30

Assim, o leitor encontrará como motor ou matéria da criação: 1) a cidade natal — Santo Amaro — a família, a vinda para o Rio; 2) a Bahia, espaço de um presente irrestrito; 3) o Tropicalismo; 4) o canto, a música, a voz, os cantores; 5) o próprio sujeito, indagações sobre o eu; 6) pessoas próximas, afetos, nomes, gente; 7) o amor, amar, desamar, a mulher, o ciúme; 8) o Brasil, seus diversos; 9) outras cidades, *a* cidade; 10) coisas da natureza; 11) a existência, existirmos; 12) os deuses, as santidades; 13) experimentações, o ludismo, a pesquisa da linguagem; 14) o cinema; 15) a literatura, os livros; 16) o carnaval; 17) outros temas.

31

Muitas letras caberiam em outras seções e outras tantas poderiam constar em mais de um segmento. Optei por fazer sobressair tal ou qual marca em detrimento de outras, reconhecendo a possibilidade de composição de diferentes arranjos.

32

O leitor encontrará, aqui, as letras revistas minuciosamente pelo próprio autor. Por tal sorte, versos e estrofes, que até então se subordinavam à economia do espaço restritivo e circunstancial dos encartes de discos e CDs, agora podem seguir em acordo com suas próprias necessidades estruturais. *Letra só*: textos definitivos. Palavras amparadas em si mesmas.

33

Duas ou três coisas que eu sei dele.

LETRA SÓ

Eis aqui tudo de novo

ONDE EU NASCI PASSA UM RIO

Onde eu nasci passa um rio
Que passa no igual sem fim
Igual sem fim minha terra
Passava dentro de mim

Passava como se o tempo
Nada pudesse mudar
Passava como se o rio
Não desaguasse no mar

O rio deságua no mar
Já tanta coisa aprendi
Mas o que é mais meu cantar
É isso que eu canto aqui

Hoje eu sei que o mundo é grande
E o mar de ondas se faz
Mas nasceu junto com o rio
O canto que eu canto mais

O rio só chega no mar
Depois de andar pelo chão
O rio da minha terra
Deságua em meu coração

NO DIA EM QUE EU VIM-ME EMBORA

No dia em que eu vim-me embora
Minha mãe chorava em ai
Minha irmã chorava em ui
E eu nem olhava pra trás
No dia que eu vim-me embora
Não teve nada de mais

Mala de couro forrada com pano forte, brim cáqui
Minha avó já quase morta
Minha mãe até a porta
Minha irmã até a rua
E até o porto meu pai
O qual não disse palavra durante todo o caminho
E quando eu me vi sozinho
Vi que não entendia nada
Nem de pro que eu ia indo
Nem dos sonhos que eu sonhava
Senti apenas que a mala de couro que eu carregava
Embora estando forrada
Fedia, cheirava mal

Afora isso ia indo, atravessando, seguindo
Nem chorando, nem sorrindo
Sozinho pra Capital
Nem chorando, nem sorrindo
Sozinho pra Capital
Sozinho pra Capital
Sozinho pra Capital
Sozinho pra Capital

ACRILÍRICO

Olhar colírico
Lírios plásticos do campo e do contracampo
Telástico cinemascope teu sorriso tudo isso
Tudo ido e lido e lindo e vindo do vivido
Na minha adolescidade
Idade de pedra e paz

Teu sorriso quieto no meu canto

Ainda canto o ido o tido o dito
O dado o consumido
O consumado
Ato
Do amor morto motor da saudade

Diluído na grandicidade
Idade de pedra ainda
Canto quieto o que conheço
Quero o que não mereço
O começo
Quero canto de vinda
Divindade do duro totem futuro total
Tal qual quero canto
Por enquanto apenas mino o campo ver-te
Acre e lírico o sorvete
Acrílico Santo Amargo da Putrificação

[29]

ADEUS, MEU SANTO AMARO

Adeus, meu Santo Amaro
Que eu dessa terra vou me ausentar
Eu vou para Bahia
Eu vou viver, eu vou morar
Eu vou viver, eu vou morar
Adeus meu tempo de chorar
E não saber por que chorar
Adeus, minha cidade
Adeus, felicidade
Adeus, tristeza de ter paz
Adeus, não volto nunca mais
Adeus, eu vou me embora
Adeus e canto agora
O que eu cantava sem chorar

NICINHA

Se algum dia eu conseguir cantar bonito
Muito terá sido por causa de você, Nicinha

A vida tem uma dívida com a música perdida
No silêncio dos seus dedos
E no canto dos meus medos
No entanto você é a alegria da vida

MÃE

Palavras, calas, nada fiz
Estou tão infeliz
Falasses, desses, visses, não
Imensa solidão

Eu sou um rei que não tem fim
E brilhas dentro aqui
Guitarras, salas, vento, chão
Que dor no coração

Cidades, mares, povo, rio
Ninguém me tem amor
Cigarras, camas, colos, ninhos
Um pouco de calor

Eu sou um homem tão sozinho
Mas brilhas no que sou
E o meu caminho e o teu caminho
É um nem vais, nem vou

Meninos, ondas, becos, mãe
E, só porque não estás
És para mim e nada mais
Na boca das manhãs

Sou triste, quase um bicho triste
E brilhas mesmo assim
Eu canto, grito, corro, rio
E nunca chego a ti

TUDO DE NOVO

Minha mãe, meu pai, meu povo
Eis aqui tudo de novo
A mesma grande saudade
A mesma grande vontade
Minha mãe, meu pai, meu povo

Minha mãe me deu ao mundo
De maneira singular
Me dizendo uma sentença
Pra eu sempre pedir licença
Mas nunca deixar de entrar

Meu pai me mandou pra vida
Num momento de amor
E o bem daquele segundo
Grande como a dor do mundo
Me acompanha aonde eu vou

Meu povo, sofremos tanto
Mas sabemos o que é bom
Vamos fazer uma festa
Noites assim como esta
Podem nos levar pra o tom

TRILHOS URBANOS

O melhor o tempo esconde
Longe muito longe
Mas bem dentro aqui
Quando o bonde dava a volta ali
No cais de Araújo Pinho
Tamarindeirinho
Nunca me esqueci
Onde o imperador fez xixi

Cana doce, Santo Amaro
Gosto muito raro
Trago em mim por ti
E uma estrela sempre a luzir
Bonde da Trilhos Urbanos
Vão passando os anos
E eu não te perdi
Meu trabalho é te traduzir

Rua da Matriz ao Conde
No trole ou no bonde
Tudo é bom de ver
São Popó do Maculelê
Mas aquela curva aberta
Aquela coisa certa
Não dá pra entender
O Apolo e o Rio Subaé

Pena de pavão de Krishna
Maravilha vixe Maria mãe de Deus

[34]

Será que esses olhos são meus?
Cinema transcendental
Trilhos Urbanos
Gal cantando o Balancê
Como eu sei lembrar de você

JENIPAPO ABSOLUTO

Como será pois se ardiam fogueiras?
Com olhos de areia quem viu?
Praias, paixões fevereiras
Não dizem o que junhos de fumaça e frio

Onde e quando é jenipapo absoluto?
Meu pai, seu tanino, seu mel
Prensa, esperança, sofrer prazeria
Promessa, poesia, Mabel

Cantar é mais do que lembrar
É mais do que ter tido aquilo então
Mais do que viver, do que sonhar
É ter o coração daquilo

Tudo são trechos que escuto: vêm dela
Pois minha mãe é minha voz
Como será que isso era, este som
Que hoje sim, gera sóis, dói em dós?

"Aquele que considera" a saudade
Uma mera contraluz que vem
Do que deixou pra trás
Não, esse só desfaz o signo
E a "rosa também"

[36]

13 DE MAIO

Dia 13 de maio em Santo Amaro
Na Praça do Mercado
Os pretos celebravam
(Talvez hoje inda o façam)
O fim da escravidão
Da escravidão
O fim da escravidão

Tanta pindoba!
Lembro do aluá
Lembro da maniçoba
Foguetes no ar

Pra saudar Isabel
Ô Isabé
Pra saudar Isabé

A Bahia, estação primeira do Brasil

QUEM ME DERA

Adeus, meu bem
Eu não vou mais voltar
Se Deus quiser, vou mandar te buscar
De madrugada, quando o sol cair dend'água
Vou mandar te buscar

Ai, quem me dera
Voltar, quem me dera um dia
Meu Deus, não tenho alegria
Bahia no coração

Ai, quem me dera
Voltar, quem me dera o dia
De ter de novo a Bahia
Todinha no coração

Ai, água clara que não tem fim
Não há outra canção em mim
Que saudade!

Ai, quem me dera
Mas quem me dera a alegria
De ter de novo a Bahia
E nela o amor que eu quis

Ai, quem me dera
Meu bem, quem me dera o dia
De ter você na Bahia
O mar e o amor feliz

Adeus, meu bem
Eu não vou mais voltar
Se Deus quiser, vou mandar te buscar
Na lua cheia
Quando é tão branca a areia
Vou mandar te buscar

BELEZA PURA

Não me amarra dinheiro não
Mas formosura
Dinheiro não
A pele escura
Dinheiro não
A carne dura
Dinheiro não

Moça preta do Curuzu
Beleza pura
Federação
Beleza pura
Boca do Rio
Beleza pura
Dinheiro não

Quando essa preta começa a tratar do cabelo
É de se olhar
Toda a trama da trança
A transa do cabelo
Conchas do mar
Ela mandar buscar pra botar no cabelo
Toda minúcia
Toda delícia

Não me amarra dinheiro não
Mas elegância

[43]

Não me amarra dinheiro não
Mas a cultura
Dinheiro não
A pele escura
Dinheiro não

A carne dura
Dinheiro não
Moço lindo do Badauê
Beleza pura
Do Ilê Aiyê
Beleza pura
Dinheiro yeah
Beleza pura
Dinheiro não

Dentro daquele turbante do Filho de Ghandi
É o que há
Tudo é chique demais
Tudo é muito elegante
Manda botar
Fina palha da costa e que tudo se trance
Todos os búzios
Todos os ócios

Não me amarra dinheiro não
Mas os mistérios

ITAPUÃ

Nosso amor resplandecia sobre as águas que se movem
Ela foi a minha guia quando eu era alegre e jovem

Nosso ritmo, nosso brilho, nosso fruto do futuro
Tudo estava de manhã

Nosso sexo, nosso estilo, nosso reflexo do mundo
Tudo esteve Itapuã

Itapuã, tuas luas cheias, tuas casas feias
Viram tudo, tudo, o inteiro de nós

Itapuã, tuas lamas, algas, almas que amalgamas
Guardam todo, todo, o cheiro de nós

Abaeté, essa areia branca ninguém nos arranca
É o que em Deus nos fiz

Nada estanca Itapuã
Ainda sou feliz

Itapuã, quando tu me faltas, tuas palmas altas
Mandam um vento a mim, assim: Caymmi

Itapuã, o teu sol me queima e o meu verso teima
Em cantar teu nome, teu nome sem fim

Abaeté, tudo meu e dela
A lagoa bela sabe, cala e diz

Eu cantar-te nos constela em ti
E eu sou feliz

Ela foi a minha guia quando eu era alegre e jovem

BAHIA, MINHA PRETA

Bahia, minha preta
Como será
Se tua seta acerta o caminho e chega lá?
E a curva linha reta
Se ultrapassar esse negro azul que te mura
O mar, o mar?
Cozinha esse cântico
Comprar o equipamento e saber usar
Vender o talento e saber cobrar, lucrar
Insiste no que é lindo
E o mundo verá
Tu voltares rindo ao lugar que é teu no globo azul
Rainha do Atlântico Sul

Ê ô! Bahia, fonte mítica, encantada
Ê ô! Expande o teu axé, não esconde nada
Teu canto de alegria ecoa longe, tempo e espaço
Rainha do Atlântico

Te chamo de senhora
Opô Afonjá
Eros, Dona Lina, Agostinho e Edgar
Te chamo Menininha do Gantois
Candolina, Marta, Didi, Dodô e Osmar
Na linha romântico
Teu novo mundo
O mundo conhecerá
E o que está escondido no fundo emergirá

E a voz mediterrânica e florestal
Lança muito além a civilização ora em tom boreal
Rainha do Atlântico Austral

ONDE O RIO É MAIS BAIANO

A Bahia
Estação primeira do Brasil
Ao ver a Mangueira
Nela inteira se viu
Exibiu-se sua face verdadeira

Que alegria
Não ter sido em vão que ela expediu
As Ciatas pra trazerem o samba pra o Rio
(Pois o mito surgiu dessa maneira)

E agora estamos aqui
Do outro lado do espelho
Com o coração na mão
Pensando em Jamelão no Rio Vermelho
Todo ano, todo ano
Na festa de Iemanjá
Presente no dois de fevereiro
Nós aqui e ele lá
Isso é a confirmação de que a Mangueira
É onde o Rio é mais baiano

[49]

O monumento no planalto central do país

TROPICÁLIA

Sobre a cabeça os aviões
Sob os meus pés os caminhões
Aponta contra os chapadões
Meu nariz
Eu organizo o movimento
Eu oriento o carnaval
Eu inauguro o monumento no planalto central
Do país

Viva a bossa-sa-sa
Viva a palhoça-ça-ça-ça-ça
Viva a bossa-sa-sa
Viva a palhoça-ça-ça-ça-ça

O monumento é de papel crepom e prata
Os olhos verdes da mulata
A cabeleira esconde atrás da verde mata
O luar do sertão
O monumento não tem porta
A entrada é uma rua antiga, estreita e torta
E no joelho uma criança sorridente, feia e morta
Estende a mão

Viva a mata-ta-ta
Viva a mulata-ta-ta-ta-ta
Viva a mata-ta-ta
Viva a mulata-ta-ta-ta-ta

No pátio interno há uma piscina
Com água azul de Amaralina
Coqueiro, brisa e fala nordestina e faróis
Na mão direita tem uma roseira
Autenticando eterna primavera
E nos jardins os urubus passeiam a tarde inteira
Entre os girassóis

Viva a Maria-ia-ia
Viva a Bahia-ia-ia-ia-ia
Viva a Maria-ia-ia
Viva a Bahia-ia-ia-ia-ia

No pulso esquerdo bang-bang
Em suas veias corre muito pouco sangue
Mas seu coração balança ao samba de um tamborim
Emite acordes dissonantes
Pelos cinco mil alto-falantes
Senhoras e senhores ele põe os olhos grandes
Sobre mim

Viva Iracema-ma-ma
Viva Ipanema-ma-ma-ma-ma
Viva Iracema-ma-ma
Viva Ipanema-ma-ma-ma-ma

Domingo é o Fino da Bossa
Segunda-feira está na fossa
Terça-feira vai à roça

Porém
O monumento é bem moderno
Não disse nada do modelo do meu terno
Que tudo mais vá pro inferno, meu bem

Viva a banda-da-da
Carmen Miranda-da-da-da-da
Viva a banda-da-da
Carmen Miranda-da-da-da-da

ALEGRIA, ALEGRIA

Caminhando contra o vento
Sem lenço sem documento
No sol de quase dezembro
Eu vou

O sol se reparte em crimes
Espaçonaves guerrilhas
Em Cardinales bonitas
Eu vou

Em caras de presidentes
Em grandes beijos de amor
Em dentes pernas bandeiras
Bomba e Brigitte Bardot

O sol nas bancas de revista
Me enche de alegria e preguiça
Quem lê tanta notícia?
Eu vou

Por entre fotos e nomes
Os olhos cheios de cores
O peito cheio de amores vãos
Eu vou

Por que não? Por que não?

Ela pensa em casamento
E eu nunca mais fui à escola

[56]

Sem lenço sem documento
Eu vou

Eu tomo uma coca-cola
Ela pensa em casamento
E uma canção me consola
Eu vou

Por entre fotos e nomes
Sem livros e sem fuzil
Sem fome sem telefone
No coração do Brasil

Ela nem sabe até pensei
Em cantar na televisão
O sol é tão bonito
Eu vou

Sem lenço sem documento
Nada no bolso ou nas mãos
Eu quero seguir vivendo amor
Eu vou

Por que não? Por que não?

SUPERBACANA

Toda essa gente se engana
Ou então finge que não vê que
Eu nasci pra ser o Superbacana
Eu nasci pra ser o Superbacana
Superbacana Superbacana Superbacana

Super-homem
Superflit
Supervinc
Superhist
Superbacana

Estilhaços sobre Copacabana
O mundo em Copacabana
Tudo em Copacabana, Copacabana
O mundo explode
Longe muito longe
O sol responde
O tempo esconde
O vento espalha
E as migalhas caem todas sobre
Copacabana me engana
Esconde o superamendoim
O espinafre, o biotônico
O comando do avião supersônico
Do parque eletrônico
Do poder atômico
Do avanço econômico
A moeda nº 1 do Tio Patinhas não é minha

Um batalhão de cowboys
Barra a entrada da legião dos super-heróis
E eu Superbacana
Vou sonhando até explodir colorido
No sol, nos cinco sentidos
Nada no bolso ou nas mãos

PAISAGEM ÚTIL

Olhos abertos em vento
Sobre o espaço do Aterro
Sobre o espaço sobre o mar
O mar vai longe do Flamengo
O céu vai longe e suspenso
Em mastros firmes e lentos
Frio palmeiral de cimento

O céu vai longe do Outeiro
O céu vai longe da Glória
O céu vai longe suspenso
Em luzes de luas mortas
Luzes de uma nova aurora
Que mantém a grama nova
E o dia sempre nascendo

Quem vai ao cinema
Quem vai ao teatro
Quem vai ao trabalho
Quem vai descansar
Quem canta, quem canta
Quem pensa na vida
Quem olha a avenida
Quem espera voltar

Os automóveis parecem voar
Os automóveis parecem voar

[60]

Mas já se acende e flutua
No alto do céu uma lua
Oval, vermelha e azul
No alto do céu do Rio
Uma lua oval da Esso
Comove e ilumina o beijo
Dos pobres tristes felizes
Corações amantes do nosso Brasil

BABY

Você precisa saber da piscina
Da margarina
Da Carolina
Da gasolina
Você precisa saber de mim

Baby baby
Eu sei que é assim

Você precisa tomar um sorvete
Na lanchonete
Andar com a gente
Me ver de perto
Ouvir aquela canção do Roberto

Baby baby
Há quanto tempo

Você precisa aprender inglês
Precisa aprender o que eu sei
E o que eu não sei mais
E o que eu não sei mais

Não sei, comigo vai tudo azul
Contigo vai tudo em paz
Vivemos na melhor cidade
Da América do Sul
Da América do Sul

Você precisa
Você precisa
Não sei
Leia na minha camisa

Baby baby
I love you

ENQUANTO SEU LOBO NÃO VEM

Vamos passear na floresta escondida, meu amor
Vamos passear na avenida
Vamos passear nas veredas no alto, meu amor
Há uma cordilheira sob o asfalto

(Os clarins da banda militar...)
A Estação Primeira de Mangueira passa em ruas largas
(Os clarins da banda militar...)
Passa por debaixo da avenida Presidente Vargas
(Os clarins da banda militar...)
Presidente Vargas, Presidente Vargas, Presidente Vargas
(Os clarins da banda militar...)

Vamos passear nos Estados Unidos do Brasil
Vamos passear escondidos
Vamos desfilar pela rua onde Mangueira passou
Vamos por debaixo das ruas

(Os clarins da banda militar...)
Debaixo das bombas, das bandeiras
(Os clarins da banda militar...)
Debaixo das botas
(Os clarins da banda militar...)
Debaixo das rosas, dos jardins
(Os clarins da banda militar...)
Debaixo da lama
(Os clarins da banda militar...)
Debaixo da cama

[64]

É PROIBIDO PROIBIR

A mãe da virgem diz que não
E o anúncio da televisão
E estava escrito no portão
E o maestro ergueu o dedo
E além da porta há o porteiro, sim
Eu digo não
Eu digo não ao não
E eu digo
É proibido proibir
É proibido proibir
É proibido proibir
É proibido proibir

Me dê um beijo, meu amor
Eles estão nos esperando
Os automóveis ardem em chamas
Derrubar as prateleiras
As estantes, as estátuas
As vidraças, louças, livros, sim
E eu digo sim
E eu digo não ao não
Eu digo
É proibido proibir
É proibido proibir
É proibido proibir
É proibido proibir

DIVINO MARAVILHOSO

Atenção
Ao dobrar uma esquina
Uma alegria

Atenção, menina
Você vem
Quantos anos você tem?

Atenção
Precisa ter olhos firmes
Pra esse sol, para essa escuridão

Atenção
Tudo é perigoso
Tudo é divino maravilhoso

Atenção para o refrão
É preciso estar atento e forte
Não temos tempo de temer a morte

Atenção
Para a estrofe e pra o refrão
Pra o palavrão, para a palavra de ordem

Atenção
Para o samba exaltação

[66]

Atenção
Tudo é perigoso
Tudo é divino maravilhoso

Atenção para o refrão
É preciso estar atento e forte
Não temos tempo de temer a morte

Atenção
Para as janelas no alto

Atenção
Ao pisar o asfalto mangue

Atenção
Para o sangue sobre o chão

É preciso estar atento e forte
Não temos tempo de temer a morte

NÃO IDENTIFICADO

Eu vou fazer uma canção pra ela
Uma canção singela, brasileira
Para lançar depois do carnaval

Eu vou fazer um iê-iê-iê romântico
Um anticomputador sentimental

Eu vou fazer uma canção de amor
Para gravar um disco voador

Uma canção dizendo tudo a ela
Que ainda estou sozinho, apaixonado
Para lançar no espaço sideral

Minha paixão há de brilhar na noite
No céu de uma cidade do interior
Como um objeto não identificado

Alguém cantando

A VOZ DO MORTO

Estamos aqui no tablado
Feito de ouro e prata
E filó de nylon

Eles querem salvar as glórias nacionais
As glórias nacionais, coitados

Ninguém me salva
Ninguém me engana
Eu sou alegre
Eu sou contente
Eu sou cigana
Eu sou terrível
Eu sou o samba

A voz do morto
Os pés do torto
O cais do porto
A vez do louco
A paz do mundo
Na Glória!

Eu canto com o mundo que roda
Eu e o Paulinho da Viola
Viva o Paulinho da Viola!
Eu canto com o mundo que roda
Mesmo do lado de fora
Mesmo que eu não cante agora

Ninguém me atende
Ninguém me chama
Mas ninguém me prende
Ninguém me engana

Eu sou valente
Eu sou o samba
A voz do morto
Atrás do muro
A vez de tudo
A paz do mundo
Na Glória!

SAUDOSISMO

Eu, você, nós dois
Já temos um passado, meu amor
Um violão guardado
Aquela flor
E outras mumunhas mais
Eu, você, João
Girando na vitrola sem parar
E o mundo dissonante que nós dois
Tentamos inventar tentamos inventar
Tentamos inventar tentamos

A felicidade a felicidade
A felicidade a felicidade
Eu, você, depois
Quarta-feira de cinzas no país
E as notas dissonantes se integraram
Ao som dos imbecis
Sim, você, nós dois
Já temos um passado, meu amor
A bossa, a fossa, a nossa grande dor
Como dois quadradões

Lobo, lobo bobo
Lobo, lobo bobo
Eu, você, João
Girando na vitrola sem parar
E eu fico comovido de lembrar
O tempo e o som
Ah! Como era bom

[73]

Mas chega de saudade
A realidade é que
Aprendemos com João
Pra sempre
A ser desafinados
Ser desafinados
Ser desafinados
Ser

Chega de saudade
Chega de saudade
Chega de saudade
Chega de saudade

DRAMA

Eu minto mas minha voz não mente
Minha voz soa exatamente
De onde no corpo da alma de uma pessoa
Se produz a palavra eu

Dessa garganta, tudo se canta:
Quem me ama, quem me ama?
Adeus! Meu olho é todo teu
Meu gesto é no momento exato
Em que te mato
Minha pessoa existe
Estou sempre alegre ou triste
Somente as emoções

Drama!
E ao fim de cada ato
Limpo num pano de prato
As mãos sujas do sangue das canções

LUA LUA LUA LUA

Lua lua lua lua
Por um momento meu canto contigo compactua
E mesmo o vento canta-se compacto no tempo
Estanca

Branca branca branca branca
A minha nossa voz atua sendo silêncio
Meu canto não tem nada a ver
Com a lua

Lua lua lua lua

ALGUÉM CANTANDO

Alguém cantando longe daqui
Alguém cantando ao longe, longe
Alguém cantando muito
Alguém cantando bem
Alguém cantando é bom de se ouvir

Alguém cantando alguma canção
A voz de alguém nessa imensidão
A voz de alguém que canta
A voz de um certo alguém
Que canta como que pra ninguém

A voz de alguém, quando vem do coração
De quem mantém toda a pureza da natureza
Onde não há pecado nem perdão

MUITO ROMÂNTICO

Não tenho nada com isso, nem vem falar
Eu não consigo entender sua lógica
Minha palavra cantada pode espantar
E a seus ouvidos parecer exótica

Mas acontece que eu não posso me deixar
Levar por um papo que já não deu
Acho que nada restou pra guardar ou lembrar
Do muito ou pouco que houve entre você e eu

Nenhuma força virá me fazer calar
Faço no tempo soar minha sílaba
Canto somente o que pede pra se cantar
Sou o que soa, eu não douro pílula

Tudo que eu quero é um acorde perfeito maior
Com todo mundo podendo brilhar num cântico
Canto somente o que não pode mais se calar
Noutras palavras, sou muito romântico

FORÇA ESTRANHA

Eu vi um menino correndo
Eu vi o tempo
Brincando ao redor do caminho daquele menino
Eu pus os meus pés no riacho
E acho que nunca os tirei
O sol ainda brilha na estrada e eu nunca passei

Eu vi a mulher preparando outra pessoa
O tempo parou pra eu olhar para aquela barriga
A vida é amiga da arte
É a parte que o sol me ensinou
O sol que atravessa essa estrada que nunca passou

Por isso uma força me leva a cantar
Por isso essa força estranha
Por isso é que eu canto, não posso parar
Por isso essa voz tamanha

Eu vi muitos cabelos brancos na fonte do artista
O tempo não pára e no entanto ele nunca envelhece
Aquele que conhece o jogo
Do fogo das coisas que são
É o sol, é a estrada, é o tempo, é o pé e é o chão

Eu vi muitos homens brigando
Ouvi seus gritos
Estive no fundo de cada vontade encoberta
E a coisa mais certa de todas as coisas
Não vale um caminho sob o sol
E o sol sobre a estrada é o sol sobre a estrada é o sol

Por isso uma força me leva a cantar
Por isso essa força estranha
Por isso é que eu canto, não posso parar
Por isso essa voz tamanha

NU COM A MINHA MÚSICA

Penso ficar quieto um pouquinho
Lá no meio do som
Peço salamaleikum, carinho, bênção, axé, shalom
Passo devagarinho o caminho
Que vai de tom a tom
Posso ficar pensando no que é bom

Vejo uma trilha clara pro meu Brasil, apesar da dor
Vertigem visionária que não carece de seguidor
Nu com a minha música, afora isso somente amor
Vislumbro certas coisas de onde estou

Nu com meu violão, madrugada
Nesse quarto de hotel
Logo mais sai o ônibus pela estrada, embaixo do céu
O estado de São Paulo é bonito
Penso em você e eu
Cheio dessa esperança que Deus deu

Quando eu cantar pra turba de Araçatuba, verei você
Já em Barretos eu só via os operários do ABC
Quando chegar em Americana, não sei o que vai ser
Às vezes é solitário viver

Deixo fluir tranqüilo
Naquilo tudo que não tem fim
Eu que existindo tudo comigo, depende só de mim

Vaca, manacá, nuvem, saudade
Cana, café, capim
Coragem grande é poder dizer sim

MINHA VOZ, MINHA VIDA

Minha voz, minha vida
Meu segredo e minha revelação
Minha luz escondida
Minha bússola e minha desorientação

Se o amor escraviza
Mas é a única libertação
Minha voz é precisa
Vida que não é menos minha que da canção

Por ser feliz, por sofrer, por esperar
Eu canto
Pra ser feliz, pra sofrer, para esperar
Eu canto

Meu amor, acredite
Que se pode crescer assim pra nós
Uma flor sem limite
É somente porque eu trago a vida aqui na voz

NOITE DE HOTEL

Noite de hotel
A antena parabólica só capta videoclipes
Diluição em água poluída
(E a poluição é química e não orgânica)
Do sangue do poeta
Cantilena diabólica, mímica pateta

Noite de hotel
E a presença satânica é a de um diabo morto
Em que não reconheço o anjo torto de Carlos
Nem o outro
Só fúria e alegria
Pra quem titia Jagger pedia simpatia

Noite de hotel
Ódio a Graham Bell e à telefonia
(Chamada transatlântica)
Não sei o que dizer
A essa mulher potente e iluminada
Que sabe me explicar perfeitamente
E não me entende
E não me entende nada

Noite de hotel
Estou a zero, sempre o grande otário
E nunca o ato mero de compor uma canção
Pra mim foi tão desesperadamente necessário

[84]

DESDE QUE O SAMBA É SAMBA

A tristeza é senhora
Desde que o samba é samba é assim
A lágrima clara sobre a pele escura
A noite à chuva que cai lá fora
Solidão apavora
Tudo demorando em ser tão ruim
Mas alguma coisa acontece no quando agora em mim
Cantando eu mando a tristeza embora

O samba ainda vai nascer
O samba ainda não chegou
O samba não vai morrer
Veja, o dia ainda não raiou
O samba é pai do prazer
O samba é filho da dor
O grande poder transformador

ERRÁTICA

Nesta melodia em que me perco
Quem sabe, talvez um dia
Ainda te encontre minha musa
Confusa

Esta estrada me escorre no peito
E tão sem jeito
Se desenha entre as estrelas da galáxia
Em fúcsia

Bússolas não há na cor dos versos
Usam como senha tons perversos
Busco a trilha certa, matematicamente
Só sei brincar de cabra-cega
Errática
Chega

Neste descaminho, meu caminho
Te percorre a ausência
Corpo, alma, tudo, nada, musa
Difusa

O sorriso do gato de Alice se se visse
Não seria menos ou mais intocável
Que o teu, véu
Pausa de fração de semifusa
Pode conter tão grande tristeza

Busco o estilo exato
A tática eficaz
Do rock ao jazz
Do lied ao samba
Ao brega
Errática
Chega

PRA NINGUÉM

Nana cantando "Nesse mesmo lugar"
Tim Maia cantando "Arrastão"
Bethânia cantando "A primeira manhã"
Djavan cantando "Drão"
Chico cantando "Exaltação à Mangueira"
Paulinho, "Sonho de um carnaval"
Gal cantando "Candeias"
E Elis, "Como nossos pais"
Elba cantando "De volta pra o aconchego"
Sílvio cantando "Mulher"
E Elisete cantando "Chega de mágoa"
Carmen cantando "Adeus batucada"
Gilberto cantando "Sobre todas as coisas"
Cauby cantando "Camarim"
Orlando cantando "Faixa de cetim"
Milton, "O que será?"
Roberto, "A madrasta"
Bosco, "Rio de Janeiro"
E Dalva, "Poeira do chão":

Melhor do que isso só mesmo o silêncio
Melhor do que o silêncio só João

Nara cantando "Diz que fui por aí"
Marisa, "A menina dança"
Aracy cantando "A camisa amarela"
Amélia, "Boêmio"
Max, "Polícia"
Nora, "Menino grande"
Dolores, "Não se avexe não":

[88]

Melhor do que isso só mesmo o silêncio
Melhor do que o silêncio só João

SOU SEU SABIÁ

Se o mundo for desabar sobre a sua cama
E o medo se aconchegar sob o seu lençol
E se você sem dormir
Tremer ao nascer do sol
Escute a voz de quem ama
Ela chega aí

Você pode estar tristíssimo no seu quarto
Que eu sempre terei meu jeito de consolar
É só ter alma de ouvir
E coração de escutar
Eu nunca me canso do uníssono com a vida

Eu sou
Sou seu sabiá
Não importa onde for
Vou te catar
Te vou cantar
Te vou, te vou, te dou, te dar

Eu sou
Sou seu sabiá
O que eu tenho eu te dou
Que tenho a dar?
Só tenho a voz
Cantar, cantar, cantar, cantar

Sou um homem comum

CORAÇÃO VAGABUNDO

Meu coração não se cansa
De ter esperança
De um dia ser tudo o que quer

Meu coração de criança
Não é só a lembrança
De um vulto feliz de mulher
Que passou por meu sonho sem dizer adeus
E fez dos olhos meus um chorar mais sem fim

Meu coração vagabundo
Quer guardar o mundo em mim

JANELAS ABERTAS Nº 2

Sim, eu poderia abrir as portas que dão pra dentro
Percorrer, correndo, corredores em silêncio
Perder as paredes aparentes do edifício
Penetrar no labirinto
O labirinto de labirintos
Dentro do apartamento

Sim, eu poderia procurar por dentro a casa
Cruzar uma por uma as sete portas, as sete moradas
Na sala receber o beijo frio em minha boca
Beijo de uma deusa morta
Deus morto fêmea, língua gelada
Língua gelada como nada

Sim, eu poderia em cada quarto rever a mobília
Em cada um matar um membro da família
Até que a plenitude e a morte coincidissem um dia
O que aconteceria de qualquer jeito

Mas eu prefiro abrir as janelas
Pra que entrem todos os insetos

YOU DON'T KNOW ME

You don't know me
Bet you'll never get to know me
You don't know me at all
Feel so lonely
The world is spinning round slowly
There's nothing you can show me
From behind the wall

"Nasci lá na Bahia
De mucama com feitor
O meu pai dormia em cama
Minha mãe no pisador"

"Laia ladaia sabadana Ave Maria
Laia ladaia sabadana Ave Maria"

"Eu agradeço ao povo brasileiro
Norte, Centro, Sul inteiro
Onde reinou o baião"

ARAÇÁ BLUE

Araçá Azul é sonho-segredo
Não é segredo
Araçá Azul fica sendo
O nome mais belo do medo

Com fé em Deus
Eu não vou morrer tão cedo

Araçá Azul é brinquedo

O CONTEÚDO

Deita numa cama de prego e cria fama de faquir
Não tentes fugir ao sossego, meu nêgo
Tu és fraco como um anjo
E sabes voar
Teu gênio alegre, não fujas daqui
Todos os anos, passar pela casa dos Novos Baianos
Manos, jogar capitão
Como é bonito o Pão de Açúcar visto daquele ângulo
E aquele cara falou que é pra ver se eu não brinco
Com o ano de mil novecentos e setenta e cinco
Aquele cara na Bahia me falou que eu morreria dentro
                                                    [de três anos
Minha alma e meu corpo disseram: não!
E por isso eu canto essa canção — Jorge
E por isso eu canto essa canção — Jorge Ben
E por isso eu canto essa canção — Jorge Mautner
E por isso eu canto essa canção — Jorge Salomão
Roge, Roge, Roge, Roge
Cadê vocês, oh Mãe de Deus?
Jorge, cadê vocês? Ninguém
Tudo vai bem, Jorge?
Tudo vai bem, tudo, tudo, tudo, tudo, tudo, tudo
E o divino conteúdo
A íris do olho de Deus tem muitos arcos
E há muitos barcos no mar
Se fugires — não fujas — te perderás
Pra onde, pra onde, pra onde, para onde, para onde,
                                                    [para onde

Vais, aliás?
Tire o pé da lama
Tendo somente a quem te ama
Pela insistência com que chama
Pela exuberância da chama
É proibido pisar na grama
Pela insistência das folhas na rama
E pela insistência da rima
Cria fama e deita-te na cama
Cria fama e deita-te na cama

DIAMANTE VERDADEIRO

Nesse universo todo de brilhos e bolhas
Muitos beijinhos, muitas rolhas
Disparadas dos pescoços das Chandon
Não cabe um terço de meu berço de menino
Você se chama grã-fino
E eu afino
Tanto quanto desafino do seu tom
Pois francamente, meu amor
Meu ambiente é o que se instaura de repente
Onde quer que eu chegue só por eu chegar
Como pessoa soberana nesse mundo
Eu vou fundo na existência
E para a nossa convivência você também tem que saber
[se inventar
Pois todo toque do que você faz e diz
Só faz fazer de Nova Iorque algo assim como Paris
Enquanto eu invento e desinvento moda
Minha roupa, minha roda
Brinco entre o que deve e o que não deve ser
E pulo sobre as bolhas do champagne que você bebe
E bailo pelo alto de sua montanha de neve
Eu sou primeiro, eu sou mais leve, eu sou mais eu
Do mesmo modo como é verdadeiro
O diamante que você me deu

[99]

MUITO

Eu sempre quis muito
Mesmo que parecesse ser modesto
Juro que eu não presto
Eu sou muito louco, muito

Mas na sua presença
O meu desejo
Parece pequeno
Muito é muito pouco, muito

Broto, você é muito, muito

Eu nunca quis pouco
Falo de quantidade e intensidade
Bomba de hidrogênio
Luxo para todos, todos

Mas eu nunca pensei
Que houvesse tanto
Coração brilhando
No peito do mundo, louco

Gata, você é muito
Broto, você é massa, massa

PETER GAST

Sou um homem comum
Qualquer um
Enganando entre a dor e o prazer
Hei de viver e morrer
Como um homem comum
Mas o meu coração de poeta
Projeta-me em tal solidão
Que às vezes assisto a guerras
E festas imensas
Sei voar e tenho as fibras tensas
E sou um

Ninguém é comum
E eu sou ninguém
No meio de tanta gente
De repente vem
Mesmo eu no meu automóvel
No trânsito vem
O profundo silêncio
Da música límpida de Peter Gast

Escuto a música silenciosa de Peter Gast
Peter Gast, o hóspede do profeta sem morada
O menino bonito, Peter Gast
Rosa do crepúsculo de Veneza
Mesmo aqui no samba-canção do meu rock'n'roll
Escuto a música silenciosa de Peter Gast

Sou um homem comum

[101]

RECONVEXO

Eu sou o vento que lança a areia do Saara
Sobre os automóveis de Roma
Eu sou a sereia que dança
A destemida Iara
Água e folha da Amazônia
Sou a sombra da voz da matriarca da Roma Negra
Você não me pega
Você nem chega a me ver
Meu som te cega, careta, quem é você?
Que não sentiu o suingue de Henri Salvador
Que não seguiu o Olodum balançando o Pelô
E que não riu com a risada de Andy Warhol
Que não, que não e nem disse que não

Eu sou um preto norte-americano forte
Com um brinco de ouro na orelha
Eu sou a flor da primeira música
A mais velha
A mais nova espada e seu corte
Sou o cheiro dos livros desesperados
Sou Gita Gogóia
Seu olho me olha mas não me pode alcançar
Não tenho escolha, careta, vou descartar
Quem não rezou a novena de Dona Canô
Quem não seguiu o mendigo Joãozinho Beija-Flor
Quem não amou a elegância sutil de Bobô
Quem não é Recôncavo e não pode ser reconvexo

[102]

Gente

MARIA BETHÂNIA

Everybody knows that our cities were built to be destroyed
You get annoyed, you buy a flat, you hide behind the mat
But I know she was born to do everything wrong whith
[all of that
Maria Bethânia, please send me a letter
I wish to know things are getting better
Better, better, Beta, Beta, Bethânia
Please send me a letter I wish to know things
[are getting better

She has given her soul to the devil but the devil gave
[his soul to God
Before the flood, after the blood, before you can see
She has given her soul to the devil and bought a flat
[by the sea
Maria Bethânia, please send me a letter
I wish to know things are getting better
Better, better, Beta, Beta, Bethânia
Please send me a letter I wish to know things
[are getting better

Everybody knows that it's so hard to dig and get to the root
You eat the fruit, you go ahead, you wake up on your bed
But I love her face 'cause it has nothing to do with all I said

[105]

TWO NAIRA FIFTY KOBO

No meu coração da mata gritou Pelé, Pelé
Faz força com o pé na África

O certo é ser gente linda e dançar, dançar, dançar
O certo é fazendo música

A força vem dessa pedra que canta Itapuã
Fala tupi, fala iorubá

É lindo vê-lo bailando ele é tão pierrô, pierrô
Ali no meio da rua lá

O LEÃOZINHO

Gosto muito de te ver, Leãozinho
Caminhando sob o sol
Gosto muito de você, Leãozinho

Para desentristecer, Leãozinho
O meu coração tão só
Basta eu encontrar você no caminho

Um filhote de leão, raio da manhã
Arrastando o meu olhar como um ímã
O meu coração é o sol pai de toda a cor
Quando ele lhe doura a pele ao léu

Gosto de te ver ao sol, Leãozinho
De te ver entrar no mar
Tua pele, tua luz, tua juba

Gosto de ficar ao sol, Leãozinho
De molhar minha juba
De estar perto de você e entrar numa

GENTE

Gente olha pro céu
Gente quer saber o um
Gente é o lugar de se perguntar o um
Das estrelas se perguntarem se tantas são
Cada estrela se espanta à própria explosão

Gente é muito bom
Gente deve ser o bom
Tem de se cuidar, de se respeitar o bom
Está certo dizer que estrelas estão no olhar
De alguém que o amor te elegeu pra amar

Marina, Bethânia, Dolores, Renata, Leilinha, Suzana, Dedé
Gente viva brilhando, estrelas na noite

Gente quer comer
Gente quer ser feliz
Gente quer respirar ar pelo nariz
Não, meu nego, não traia nunca essa força, não
Essa força que mora em seu coração

Gente lavando roupa, amassando pão
Gente pobre arrancando a vida com a mão
No coração da mata, gente quer prosseguir
Quer durar, quer crescer, gente quer luzir

Rodrigo, Roberto, Caetano, Moreno, Francisco, Gilberto, João
Gente é pra brilhar, não pra morrer de fome

Gente deste planeta do céu de anil
Gente, não entendo, gente, nada nos viu
Gente, espelho de estrelas, reflexo do esplendor
Se as estrelas são tantas, só mesmo amor

Maurício, Lucila, Gildásio, Ivonete, Agripino, Gracinha, Zezé
Gente, espelho da vida, doce mistério

MENINO DO RIO

Menino do Rio
Calor que provoca arrepio
Dragão tatuado no braço
Calção, corpo aberto no espaço
Coração
De eterno flerte
Adoro ver-te
Menino vadio
Tensão flutuante do Rio
Eu canto pra Deus proteger-te

O Havaí seja aqui
Tudo o que sonhares
Todos os lugares
As ondas dos mares
Pois quando eu te vejo eu desejo o teu desejo

Menino do Rio
Calor que provoca arrepio
Toma essa canção como um beijo

OS MENINOS DANÇAM

Pinta uma estrela na lona azul do céu
Pinta uma estrela lá
Pinta um malandro
E no malandro outro malandro flutua angelical
Um por um, um por um, um por um, um por um, um por um

Agora a moça esboça um salto, vai, mas não vai
Todos sabem voar
Baby, Boca, Charles
A tribo blue, nomadismo, tenda templo, circo transcendental
Jorge, Pepeu, Bola, Didi

A história do samba, a luta de classes, os melhores passes de Pelé
Tudo é filtrado ali
Naquele espaço azul
Naquele tempo azul
Naquele tudo azul

Eles dançam, eles dançam, eles dançam
Todos eles dançam
Dança-moenda, dança-desenho, dança-trapézio, dança-oração
Moenda-redenção

VERA GATA

Era uma gata exata
Uma vera gata
Das que não têm dúvida
              dúvida
Éramos fogo puro
O amor total
Padrão futuro, éramos
              éramos
Puro carinho e precisão
Eficiência, técnica e paixão
Clareza na expressão de cada sensação
Autoprogramáveis como dois robôs
Mas ninguém mais quente que nós
              te que nós
E teve que ser rápida a transação
Pois já nos chamava o ônibus
              ônibus
Tivemos tudo, não faltou nada
E ainda a madrugada nos saudou na estrada
Que ficou toda dourada e azul

UNS

Uns vão
Uns tão
Uns são
Uns dão
Uns não
Uns hão de
Uns pés
Uns mãos
Uns cabeça
Uns só coração
Uns amam
Uns andam
Uns avançam
Uns também
Uns cem
Uns sem
Uns vêm
Uns têm
Uns nada têm
Uns mal
Uns bem
Uns nada além
Nunca estão todos

Uns bichos
Uns deuses
Uns azuis
Uns quase iguais
Uns menos

[113]

Uns mais
Uns médios
Uns por demais
Uns masculinos
Uns femininos
Uns assim
Uns meus
Uns teus
Uns ateus
Uns filhos de Deus
Uns dizem fim
Uns dizem sim
E não há outros

NEIDE CANDOLINA

Preta chique, essa preta é bem linda
Essa preta é muito fina
Essa preta é toda a glória do brau
Preta preta, essa preta é correta
Essa preta é mesmo preta
É democrata social racial
Ela é modal

Tem um Gol que ela mesma comprou
Com o dinheiro que juntou
Ensinando português no Central
Salvador, isso é só Salvador
Sua suja Salvador
E ela nunca furou um sinal
Isso é legal

E eu e eu e eu sem ela
Nobreza brau, nobreza brau

Preta sã, ela é filha de Iansã
Ela é muito cidadã
Ela tem trabalho e tem carnaval
Elegante, ela é muito elegante
Ela é superelegante
Roupa Europa e pixaim Senegal

Transcendental
Liberdade, bairro da Liberdade
Palavra da liberdade
Ela é Neide Candolina total
E a cidade, a baía da cidade

A porcaria da cidade
Tem que reverter o quadro atual
Pra lhe ser igual

E eu e eu e eu sem ela
Nobreza brau, nobreza brau

ROCK'N'RAUL

Quando eu passei por aqui
A minha luta foi exibir
Uma vontade fela-da-puta
De ser americano

(E hoje olha os mano)

De ficar só no Arkansas
Esbórnia na Califórnia
Dias ruins em New Orleans
O grande mago em Chicago

Ter um rancho de éter no Texas
Uma plantation de maconha no Wyoming
Nada de axé, Dodô e Curuzu
A verdadeira Bahia é o Rio Grande do Sul

Rock'n'me
Rock'n'you
Rock'n'roll
Rock'n'Raul

Hoje qualquer zé-mané
Qualquer caetano
Pode dizer
Que na Bahia
Meu Krig-Ha Bandolo
É puro ouro de tolo

(E o lobo bolo)

Mas minha alegria
Minha ironia
É bem maior do que essa porcaria

Ter um rancho de éter no Texas
Uma plantation de maconha no Wyoming
Nada de axé Dodô e Curuzu
A verdadeira Bahia é o Rio Grande do Sul

Rock'n'me
Rock'n'you
Rock'n'roll
Rock'n'Raul

Bruta flor do querer

DE MANHÃ

É de manhã
É de madrugada
É de manhã
Não sei mais de nada
É de manhã
Vou ver meu amor
É de manhã
Vou ver minha amada
É de manhã
Flor da madrugada
É de manhã
Vou ver minha flor

Vou pela estrada
E cada estrela é uma flor
Mas a flor amada
É mais que a madrugada
E foi por ela
Que o galo cocorocô

AVARANDADO

Cada palmeira da estrada
Tem uma moça recostada
Uma é minha namorada
E essa estrada vai dar no mar

Cada palma enluarada
Tem que estar quieta, parada
Qualquer canção, quase nada
Vai fazer o sol levantar
Vai fazer o dia nascer

Namorando a madrugada
Eu e minha namorada
Vamos andando na estrada
Que vai dar no avarandado do amanhecer

DOMINGO

Roda, toda gente roda
Ao redor desta tarde
Esta praça é formosa
E a rosa pousada no meio da roda
No meio da tarde
De um imenso jardim
Rosa não espera por mim
Rosa, menina pousada
Não espera por nada
Não espera por mim

Roda, toda gente roda
Ao redor desta praça
Esta tarde está morta
E a rosa, coitada, na praça, na porta
Na sala, na tarde do mesmo jardim
Que dia espera por mim
Nova, perdida, calada
Não há madrugada
Esperando por mim
Nova, perdida calada
Não há madrugada
Esperando por mim

UM DIA

Como um dia, numa festa
Realçavas a manhã
Luz de sol, janela aberta
Festa e verde o teu olhar

Pé de avenca na janela
Brisa verde, verdejar
Vê se alegra tudo agora
Vê se pára de chorar

Abre os olhos, mostra o riso
Quero, careço, preciso
De ver você se alegrar

Eu não estou indo-me embora
Estou só preparando a hora de voltar

No rastro do meu caminho
No brilho longo dos trilhos
Na correnteza do rio
Vou voltando pra você

Na resistência do vento
No tempo que vou e espero
No braço, no pensamento
Vou voltando pra você

No raso da Catarina
Nas águas de Amaralina

Na calma da calmaria
Longe do mar da Bahia
Limite da minha vida
Vou voltando pra você

Vou voltando, como um dia
Realçavas a manhã
Entre avencas, verde brisa
Tu de novo sorrirás

E eu te direi que um dia
As estradas voltarão
Voltarão trazendo todos
Para a festa do lugar

Abre os olhos, mostra o riso
Quero, careço, preciso
De ver você se alegrar

Eu não estou indo-me embora
Estou só preparando a hora de voltar

CLARA

Quando a manhã madrugava
Calma
Alta
Clara
Clara morria de amor

Faca de ponta
Flor e flor
Cambraia branca sob o sol
Cravina branca amor
Cravina amor
Cravina e sonha

A moça chamada Clara
Água
Alma
Lava
Alva cambraia no sol

Galo cantando
Cor e cor
Pássaro preto
Dor e dor
O marinheiro amor
Distante amor
Que a moça sonha só

O marinheiro sob o sol
Onde andará o meu amor

[126]

Onde andará o amor
No mar amor
No mar ou sonha

Se ainda lembra o meu nome
Longe
Longe
Onde
Onde estiver numa onda num bar
Numa onda que quer me levar
Para o mar de água clara
Clara
Clara
Clara
Ouço meu bem me chamar

Faca de ponta
Dor e dor
Cravo vermelho no lençol
Cravo vermelho amor
Vermelho amor
Cravina e galos
E a moça chamada Clara
Clara
Clara
Clara
Alma tranqüila de dor

ESSE CARA

Ah, que esse cara tem me consumido
A mim e a tudo que eu quis
Com seus olhinhos infantis
Como os olhos de um bandido

Ele está na minha vida porque quer
Eu estou pra o que der e vier
Ele chega ao anoitecer
Quando vem a madrugada, ele some

Ele é quem quer
Ele é o homem
Eu sou apenas uma mulher

VOCÊ NÃO ENTENDE NADA

Quando eu chego em casa nada me consola
Você está sempre aflita
Com lágrimas nos olhos de cortar cebola
Você é tão bonita
Você traz a coca-cola, eu tomo
Você bota a mesa, eu como
Eu como, eu como, eu como, eu como
Você
Não tá entendendo quase nada do que eu digo
Eu quero é ir-me embora
Eu quero dar o fora
E quero que você venha comigo
E quero que você venha comigo

Eu me sento, eu fumo, eu como, eu não agüento
Você está tão curtida
Eu quero tocar fogo neste apartamento
Você não acredita
Traz meu café com Suita, eu tomo
Bota a sobremesa, eu como
Eu como, eu como, eu como, eu como
Você
Tem que saber que eu quero é correr mundo, correr perigo
Eu quero é ir-me embora
Eu quero dar o fora
E quero que você venha comigo
E quero que você venha comigo

COMO DOIS E DOIS

Quando você me ouvir cantar
Venha, não creia, eu não corro perigo
Digo, não digo, não ligo
Deixo no ar
Eu sigo apenas porque eu gosto de cantar

Tudo vai mal, tudo
Tudo é igual quando eu canto e sou mudo
Mas eu não minto, não minto, estou longe e perto
Sinto alegrias tristezas e brinco

Meu amor, tudo em volta está deserto, tudo certo
Tudo certo como dois e dois são cinco

Quando você me ouvir chorar
Tente, não cante, não conte comigo
Falo, não calo, não falo, deixo sangrar
Algumas lágrimas bastam pra consolar

Tudo vai mal, tudo
Tudo mudou não me iludo e contudo
É a mesma porta sem trinco, o mesmo teto
E a mesma lua a furar nosso zinco

Meu amor, tudo em volta está deserto, tudo certo
Tudo certo como dois e dois são cinco

[130]

DA MAIOR IMPORTÂNCIA

Foi um pequeno momento, um jeito
Uma coisa assim
Era um movimento que aí você não pôde mais
Gostar de mim direito
Teria sido na praia, medo
Vai ser um erro, uma palavra
A palavra errada
Nada, nada
Basta quase nada
E eu já quase não gosto
E já nem gosto do modo que de repente
Você foi olhada por nós

Porque eu sou tímido e teve um negócio
De você perguntar o meu signo quando não havia
Signo nenhum
Escorpião, sagitário, não sei que lá
Ficou um papo de otário, um papo
Ia sendo bom
É tão difícil, tão simples
Difícil, tão fácil
De repente ser uma coisa tão grande
Da maior importância
Deve haver uma transa qualquer
Pra você e pra mim
Entre nós

E você jogando fora, agora
Vá embora, vá!

[131]

Há de haver um jeito qualquer, uma hora!
Há sempre um homem
Para uma mulher
Há dez mulheres para cada um
Uma mulher é sempre uma mulher etc. e tal
E assim como existe disco voador
E o escuro do futuro
Pode haver o que está dependendo
De um pequeno momento puro de amor

Mas você não teve pique e agora
Não sou eu quem vai
Lhe dizer que fique
Você não teve pique
E agora não sou eu quem vai
Lhe dizer que fique
Mas você
Não teve pique
E agora
Não sou eu quem vai
Lhe dizer que fique

EU TE AMO

Eu nunca te disse
Mas agora saiba
Nunca acaba, nunca
O nosso amor
Da cor do azeviche
Da jabuticaba
E da cor da luz do sol

Eu te amo
Vou dizer que eu te amo
Sim, eu te amo
Minha flor

Eu nunca te disse
Não tem onde caiba
Eu te amo
Sim, eu te amo
Serei pra sempre o teu cantor

DOM DE ILUDIR

Não me venha falar
Na malícia de toda mulher
Cada um sabe a dor
E a delícia de ser o que é

Não me olhe como se a polícia
Andasse atrás de mim
Cale a boca
E não cale na boca
Notícia ruim

Você sabe explicar
Você sabe entender
Tudo bem
Você está, você é
Você faz, você quer
Você tem
Você diz a verdade
A verdade é seu dom de iludir

Como pode querer que a mulher
Vá viver sem mentir?

ELA E EU

Há flores de cores concentradas
Ondas queimam rochas com seu sal
Vibrações do sol no pó da estrada
Muita coisa, quase nada
Cataclismos, carnaval

Há muitos planetas habitados
E o vazio da imensidão do céu
Bem e mal e boca e mel
E essa voz que Deus me deu
Mas nada é igual a ela e eu

Lágrimas encharcam minha cara
Vivo a força rara desta dor
Clara como o sol que tudo anima
Como a própria perfeição da rima para amor

Outro homem poderá banhar-se
Na luz que com essa mulher cresceu
Muito momento que nasce
Muito tempo que morreu
Mas nada é igual a ela e eu

RAPTE-ME, CAMALEOA

Rapte-me, camaleoa
Adapte-me a uma cama boa
Capte-me uma mensagem à-toa
De um quasar pulsando loa
Interestelar canoa

Leitos perfeitos
Seus peitos direitos me olham assim
Fino menino me inclino pro lado do sim
Rapte-me, adapte-me, capte-me, it's up to me, coração
Ser querer ser merecer ser um camaleão

Rapte-me, camaleoa
Adapte-me ao seu ne me quitte pas

NOSSO ESTRANHO AMOR

Não quero sugar todo o seu leite
Nem quero você enfeite do meu ser
Apenas te peço que respeite
O meu louco querer

Não importa com quem você se deite
Que você se deleite seja com quem for
Apenas te peço que aceite
O meu estranho amor

Ah! Mainha, deixa o ciúme chegar
Deixa o ciúme passar
E sigamos juntos
Ah! Neguinha, deixa eu gostar de você
Pra lá do meu coração
Não me diga nunca não

Teu corpo combina com meu jeito
Nós dois fomos feitos muito pra nós dois
Não valham dramáticos efeitos
Mas o que está depois

Não vamos fuçar nossos defeitos
Cravar sobre o peito as unhas do rancor
Lutemos, mas só pelo direito
Ao nosso estranho amor

[137]

ESCÂNDALO

Ó doce irmã, o que você quer mais?
Eu já arranhei minha garganta toda
Atrás de alguma paz
Agora, nada de machado e sândalo
Eu já estou sã da loucura que havia em sermos nós

Também sou fã da lua sobre o mar
Todas as coisas lindas dessa vida eu sempre soube amar
Não quero quebrar os bares como um vândalo
Você que traz o escândalo
Irmã-luz

Eu marquei demais, tô sabendo
Aprontei demais, só vendo
Mas agora faz um frio aqui

Me responda, tô sofrendo:
Rompe a manhã da luz em fúria a arder
Dou gargalhada, dou dentada na maçã da luxúria
Pra quê?
Se ninguém tem dó, ninguém entende nada
O grande escândalo sou eu aqui, só

MEU BEM, MEU MAL

Você é meu caminho
Meu vinho, meu vício
Desde o início estava você
Meu bálsamo benigno
Meu signo, meu guru
Porto seguro onde eu vou ter
Meu mar e minha mãe
Meu medo e meu champanhe
Visão do espaço sideral
Onde o que eu sou se afoga
Meu fumo e minha ioga
Você é minha droga
Paixão e carnaval
Meu zen, meu bem, meu mal

QUEIXA

Um amor assim delicado
Você pega e despreza
Não o devia ter despertado
Ajoelha e não reza

Dessa coisa que mete medo
Pela sua grandeza
Não sou o único culpado
Disso eu tenho a certeza

Princesa, surpresa, você me arrasou
Serpente, nem sente que me envenenou
Senhora, e agora me diga aonde eu vou
Senhora, serpente, princesa

Um amor assim violento
Quando torna-se mágoa
É o avesso de um sentimento
Oceano sem água

Ondas, desejo de vingança
Nessa desnatureza
Batem forte sem esperança
Contra a tua dureza

Princesa, surpresa, você me arrasou
Serpente, nem sente que me envenenou
Senhora, e agora me diga aonde eu vou
Senhora, serpente, princesa

Um amor assim delicado
Nenhum homem daria
Talvez tenha sido pecado
Apostar na alegria

Você pensa que eu tenho tudo
E vazio me deixa
Mas Deus não quer que eu fique mudo
E eu te grito esta queixa

Princesa, surpresa, você me arrasou
Serpente, nem sente que me envenenou
Senhora, e agora me diga aonde eu vou
Amiga, me diga

SETE MIL VEZES

Sete mil vezes
Eu tornaria a viver assim
Sempre contigo
Transando sob as estrelas
Sempre cantando a música doce
Que o amor pedir pra eu cantar
Noite feliz
Todas as coisas são belas

Sete mil vezes
E em cada uma outra vez querer
Sete mil outras
Em progressão infinita
Quando uma hora é grande e bonita assim
Quer se multiplicar
Quer habitar
Todos os cantos do ser

Quarto crescente pra sempre
Um constante quando
Eternamente o presente você me dando
Sete mil vidas
Sete milhões e ainda um pouco mais
É o que eu desejo
E o que deseja esta noite
Noite de calma e vento
Momento de prece e de carnavais
Noite de amor
Noite de fogo e de paz

VOCÊ É LINDA

Fonte de mel
Nuns olhos de gueixa
Kabuki máscara
Choque entre o azul
E o cacho de acácias
Luz das acácias
Você é mãe do sol

A sua coisa é toda tão certa
Beleza esperta
Você me deixa a rua deserta
Quando atravessa
E não olha pra trás

Linda
E sabe viver
Você me faz feliz
Esta canção é só pra dizer
E diz

Você é linda
Mais que demais
Você é linda, sim
Onda do mar do amor
Que bateu em mim

Você é forte
Dentes e músculos
Peitos e lábios

[143]

Você é forte
Letras e músicas
Todas as músicas
Que ainda hei de ouvir

No Abaeté, areais e estrelas
Não são mais belas
Do que você
Mulher das estrelas
Mina de estrelas
Diga o que você quer

Você é linda
E sabe viver
Você me faz feliz
Esta canção é só pra dizer
E diz

Você é linda
Mais que demais
Você é linda, sim
Onda do mar do amor
Que bateu em mim

Gosto de ver
Você no seu ritmo
Dona do carnaval
Gosto de ter
Sentir seu estilo

Ir no seu íntimo
Nunca me faça mal

Linda
Mais que demais
Você é linda sim
Onda do mar do amor
Que bateu em mim

Você é linda
E sabe viver
Você me faz feliz
Esta canção é só pra dizer
E diz

ECLIPSE OCULTO

Nosso amor não deu certo
Gargalhadas e lágrimas
De perto fomos quase nada
Tipo de amor que não pode dar certo na luz da manhã
E desperdiçamos os blues do Djavan

Demasiadas palavras
Fraco impulso de vida
Travada a mente na ideologia
E o corpo não agia
Como se o coração tivesse antes que optar
Entre o inseto e o inseticida

Não me queixo
Eu não soube te amar
Mas não deixo de querer conquistar
Uma coisa qualquer em você
O que será?

Como nunca se mostra o outro lado da lua
Eu desejo viajar
No outro lado da sua
Meu coração galinha de leão
Não quer mais amarrar frustração
Ó eclipse oculto na luz do verão

Mas bem que nós fomos muito felizes
Só durante o prelúdio
Gargalhadas e lágrimas

Até irmos pra o estúdio
Mas na hora da cama nada pintou direito
É minha cara falar
Não sou proveito sou pura fama

Não me queixo
Eu não soube te amar
Mas não deixo de querer conquistar
Uma coisa qualquer em você
O que será?

Nada tem que dar certo
Nosso amor é bonito
Só não disse ao que veio
Atrasado e aflito
E paramos no meio
Sem saber os desejos aonde é que iam dar
E aquele projeto ainda estará no ar?

Não quero que você
Fique fera comigo
Quero ser seu amor
Quero ser seu amigo
Quero que tudo saia
Como o som de Tim Maia
Sem grilos de mim
Sem desespero, sem tédio, sem fim

Não me queixo
Eu não soube te amar
Mas não deixo de querer conquistar
Uma coisa qualquer em você
O que será?

O QUERERES

Onde queres revólver, sou coqueiro
E onde queres dinheiro, sou paixão
Onde queres descanso, sou desejo
E onde sou só desejo, queres não
E onde não queres nada, nada falta
E onde voas bem alta, eu sou o chão
E onde pisas o chão, minha alma salta
E ganha liberdade na amplidão

Onde queres família, sou maluco
E onde queres romântico, burguês
Onde queres Leblon, sou Pernambuco
E onde queres eunuco, garanhão
Onde queres o sim e o não, talvez
E onde vês, eu não vislumbro razão
Onde queres o lobo, eu sou o irmão
E onde queres cowboy, eu sou chinês

Ah! bruta flor do querer
Ah! bruta flor, bruta flor

Onde queres o ato, eu sou espírito
E onde queres ternura, eu sou tesão
Onde queres o livre, decassílabo
E onde buscas o anjo, sou mulher
Onde queres prazer, sou o que dói
E onde queres tortura, mansidão
Onde queres um lar, revolução
E onde queres bandido, sou herói

[149]

Eu queria querer-te e amar o amor
Construir-nos dulcíssima prisão
Encontrar a mais justa adequação
Tudo métrica e rima e nunca dor
Mas a vida é real e de viés
E vê só que cilada o amor me armou
Eu te quero (e não queres) como sou
Não te quero (e não queres) como és

Ah! bruta flor do querer
Ah! bruta flor, bruta flor

Onde queres comício, flipper-vídeo
E onde queres romance, rock'n'roll
Onde queres a lua, eu sou o sol
E onde a pura natura, o inseticídio
Onde queres mistério, eu sou a luz
E onde queres um canto, o mundo inteiro
Onde queres quaresma, fevereiro
E onde queres coqueiro, eu sou obus

O quereres e o estares sempre a fim
Do que em mim é de mim tão desigual
Faz-me querer-te bem, querer-te mal
Bem a ti, mal ao quereres assim
Infinitivamente pessoal
E eu querendo querer-te sem ter fim
E, querendo-te, aprender o total
Do querer que há e do que não há em mim

COMEU

Ela comeu meu coração
Trincou
Mordeu
Mastigou
Engoliu
Comeu
O meu

Ela comeu meu coração
Mascou
Moeu
Triturou
Deglutiu
Comeu
O meu

Ela comeu meu coraçãozinho de galinha
Num xinxim, ai de mim
Ela comeu meu coraçãozão de leão
Naquele sonho medonho
E ainda me disse que é assim que se faz
Um grande poeta:
Uma loura tem que comer seu coração
Não! Eu só quero ser um campeão da canção
Um ídolo, um pateta, um mito da multidão

Mas ela não entendeu minha intenção
Tragou
Sorveu

[151]

Degustou
Ingeriu
Comeu
O meu

TÁ COMBINADO

Então tá combinado, é quase nada
É tudo somente sexo e amizade
Não tem nenhum engano nem mistério
É tudo só brincadeira e verdade

Podermos ver o mundo juntos
Sermos dois e sermos muitos
Nos sabermos sós sem estarmos sós
Abrirmos a cabeça para que afinal
Floresça o mais que humano em nós

Então tá tudo dito
E é tão bonito
E eu acredito num claro futuro
De música, ternura e aventura
Pro equilibrista em cima do muro

Mas e se o amor pra nós chegar
De nós, de algum lugar
Com todo o seu tenebroso esplendor?
Mas e se o amor já está
Se há muito tempo que chegou e só nos enganou?

Então não fale nada
Apague a estrada
Que seu caminhar já desenhou
Porque toda razão, toda palavra
Vale nada quando chega o amor

ETC.

Estou sozinho, estou triste etc.
Quem virá com a nova brisa que penetra
Pelas frestas do meu ninho
Quem insiste em anunciar-se no desejo
Quem tanto não vejo ainda
Quem, pessoa secreta
Vem, te chamo
Vem etc.

BRANQUINHA   *para Paulinha*

Eu sou apenas um velho baiano
Um fulano, um caetano, um mano qualquer
Vou contra a via, canto contra a melodia
Nado contra a maré
Que é que tu vê, que é que tu quer,
Tu que é tão rainha?
Branquinha
Carioca de luz própria, luz
Só minha
Quando todos os seus rosas nus
Todinha
Carnação da canção que compus
Quem conduz
Vem, seduz
Este mulato franzino, menino
Destino de nunca ser homem, não
Este macaco complexo
Este sexo equívoco
Este mico-leão
Namorando a lua e repetindo:
A lua é minha
Branquinha
Pororoquinha, guerreiro é
Rainha
De janeiro, do Rio, do onde é
Sozinha
Mão no leme, pé no furacão
Meu irmão
Neste mundo vão

[155]

Mão no leme, pé no carnaval
Meu igual
Neste mundo mau

ESTE AMOR   *para Dedé*

Se alguém pudesse ser um siboney
Boiando à flor do sol
Se alguém, seu arquipélago, seu rei
Seu golfo e seu farol
Captasse a cor das cores da razão do sal da vida
Talvez chegasse a ler o que este amor tem como lei

Se alguém, judeu, iorubá, nissei, bundo
Rei na diáspora
Abrisse as suas asas sobre o mundo
Sem ter nem precisar
E o mundo abrisse já, por sua vez, asas e pétalas
Não é bem, talvez, em flor
Que se desvela o que este amor

(Tua boca brilhando, boca de mulher
Nem mel, nem mentira
O que ela me fez sofrer, o que ela me deu de prazer
O que de mim ninguém tira
Carne da palavra, carne do silêncio
Minha paz e minha ira
Boca, tua boca, boca, tua boca, cala minha boca)

Se alguém cantasse mais do que ninguém
Do que o silêncio e o grito
Mais íntimo e remoto, perto além
Mais feio e mais bonito
Se alguém pudesse erguer o seu Gilgal em Bethânia
Que anjo exterminador tem como guia o deste amor?

Se alguém, nalgum bolero, nalgum som
Perdesse a máscara
E achasse verdadeiro e muito bom
O que não passará
Dindinha lua brilharia mais no céu da ilha
E a luz da maravilha
E a luz do amor
Sobre este amor

LINDEZA

Coisa linda
É mais que uma idéia louca
Ver-te ao alcance da boca
Eu nem posso acreditar

Coisa linda
Minha humanidade cresce
Quando o mundo te oferece
E enfim te dás, tens lugar

Promessa de felicidade
Festa da vontade, nítido farol
Sinal novo sob o sol
Vida mais real

Coisa linda
Lua, lua, lua, lua
Sol, palavra, dança nua
Pluma, tela, pétala

Coisa linda
Desejar-te desde sempre
Ter-te agora e o dia é sempre
Uma alegria pra sempre

VOCÊ É MINHA

Desde o tempo em que você andava
Com quem não conhece o seu segredo
Que, sem pensar, brinco de repetir:
— Você é minha
Minha e não desse aí

Mas naquele tempo eu não sabia
Que isso é que dissiparia a treva
Em que o amor lançou meu coração

Você é minha
Ninguém se atreva
Porque nós dois somos um time campeão

Você comanda
Eu sigo e protesto
Mas vamos aonde ninguém vai

Amplo se expanda
O alcance do gesto:
Por terra essa tenda não cai

Você me ensina
E eu finjo que aprendo
Os truques da grana e do amor

Ouve os batuques
Mas muito se engana
Quem crê que está lendo ou que adivinha

[160]

Hoje que você é a rainha
Do meu velho e vasto estranho reino
Faço ecoar nos pontos cardeais:
Você é minha
Minha e de ninguém mais

Eu próprio só aos poucos desfaço
As redes de enigma desse laço
Dentro de nós
E a minha voz rediz:
Você é minha

NÃO ENCHE

Me larga, não enche
Você não entende nada e eu não vou te fazer entender
Me encara de frente:
É que você nunca quis ver, não vai querer, não quer ver
Meu lado, meu jeito
O que eu herdei de minha gente e nunca posso perder
Me larga, não enche
Me deixa viver, me deixa viver, me deixa viver,
                    [me deixa viver

Cuidado, ô xente!
Está no meu querer poder fazer você desabar
Do salto, nem tente
Manter as coisas como estão porque não dá, não vai dar
Quadrada, demente
A melodia do meu samba põe você no lugar
Me larga, não enche
Me deixa cantar, me deixa cantar, me deixa cantar,
                    [me deixa cantar

Eu vou
Clarificar a minha voz
Gritando: nada mais de nós!
Mando meu bando anunciar:
Vou me livrar de você

Harpia, aranha
Sabedoria de rapina e de enredar, de enredar
Perua, piranha

Minha energia é que mantém você suspensa no ar
Pra rua! se manda
Sai do meu sangue, sanguessuga que só sabe sugar
Pirata, malandra
Me deixa gozar, me deixa gozar, me deixa gozar,
                              [me deixa gozar

Vagaba, vampira
O velho esquema desmorona desta vez pra valer
Tarada, mesquinha
Pensa que é a dona e eu lhe pergunto: quem lhe deu
                              [tanto axé?
À-toa, vadia
Começa uma outra história aqui na luz desse dia D:
Na boa, na minha
Eu vou viver dez
Eu vou viver cem
Eu vou viver mil
Eu vou viver sem você

[163]

VOCÊ NÃO GOSTA DE MIM

Você não gosta de mim
Não sinto o ar se aquecer
Ao redor de você
Quando eu volto da estrada

Por que será que é assim?
Dou aos seus lábios a mão
E eles nem dizem não
Eles não dizem nada

Como é que vamos viver
Gerando luz sem calor?
Que imagem do amor
Podemos nos oferecer?

Você não gosta de mim
Que novidade infeliz
O seu corpo me diz
Pelos gestos da alma!

A gente vê que é assim
Seja de longe ou de perto
No errado e no certo
Na fúria e na calma

Você me impede de amar
E eu que só gosto do amor
Por que é que não nos
Dizemos que tudo acabou?

[164]

Talvez assim descubramos
O que é que nos une
Medo, destino, capricho
Ou um mistério maior

Eu jamais cri que o ciúme nos
Tornasse imunes ao desamor
Então, por favor
Evite esse costume ruim

Você não gosta de mim
É só ciúme vazio
Essa chama de frio
Esse rio sem água

Por que será que é assim?
Somente encontra motivo
Pra manter-se vivo
Este amor pela mágoa

Então digamos adeus
E nos deixemos viver
Já não faz nenhum sentido
Eu gostar de você

TEMPESTADES SOLARES

Você provocou
Tempestades solares no meu coração
Com as mucosas venenosas de sua alma de mulher
Você faz o que quer
Você me exasperou
Você não sabe viver onde eu sou
Então adeus
Ou seja outra:
Alguém que agüente o sol

DOR-DE-COTOVELO

O ciúme dói nos cotovelos
Na raiz dos cabelos
Gela a sola dos pés
Faz os músculos ficarem moles
E o estômago vão e sem fome
Dói da flor da pele ao pó do osso
Rói do cóccix até o pescoço
Acende uma luz branca em seu umbigo
Você ama o inimigo
E se torna inimigo do amor
O ciúme dói do leito à margem
Dói pra fora na paisagem
Arde ao sol do fim do dia
Corre pela veias na ramagem
Atravessa a voz e a melodia

Projeto Brasil

JÓIA

Beira de mar
Beira de mar
Beira de maré na América do Sul
Um selvagem levanta o braço
Abre a mão e tira um caju
Um momento de grande amor
De grande amor

Copacabana
Copacabana
Louca total e completamente louca
A menina muito contente
Toca a coca-cola na boca
Um momento de puro amor
De puro amor

UM ÍNDIO

Um índio descerá de uma estrela colorida, brilhante
De uma estrela que virá numa velocidade estonteante
E pousará no coração do hemisfério sul
Na América, num claro instante
Depois de exterminada a última nação indígena
E o espírito dos pássaros das fontes de água límpida
Mais avançado que a mais avançada das mais avançadas
                       [das tecnologias

Virá
Impávido que nem Muhammad Ali
Virá que eu vi
Apaixonadamente como Peri
Virá que eu vi
Tranqüilo e infalível como Bruce Lee
Virá que eu vi
O axé do Afoxé Filhos de Gandhi
Virá

Um índio preservado em pleno corpo físico
Em todo sólido, todo gás e todo líquido
Em átomos, palavras, alma, cor
Em gesto, em cheiro, em sombra, em luz, em som magnífico
Num ponto equidistante entre o Atlântico e o Pacífico
Do objeto-sim resplandecente descerá o índio
E as coisas que eu sei que ele dirá, fará
Não sei dizer assim de um modo explícito

[172]

Virá
Impávido que nem Muhammad Ali
Virá que eu vi
Apaixonadamente como Peri
Virá que eu vi
Tranqüilo e infalível como Bruce Lee
Virá que eu vi
O axé do Afoxé Filhos de Gandhi
Virá

E aquilo que nesse momento se revelará aos povos
Surpreenderá a todos não por ser exótico
Mas pelo fato de poder ter sempre estado oculto
Quando terá sido o óbvio

LOVE, LOVE, LOVE

Eu canto no ritmo, não tenho outro vício
Se o mundo é um lixo, eu não sou
Eu sou bonitinho, com muito carinho
É o que diz minha voz de cantor

Por Nosso Senhor

Meu amor, te amo
Pelo mundo inteiro eu chamo
Essa chama que move
E Pelé disse love, love, love

Absurdo, o Brasil pode ser um absurdo
Até aí tudo bem, nada mal
Pode ser um absurdo, mas ele não é surdo
O Brasil tem ouvido musical

Que não é normal

Meu amor, te quero
Pelo mundo inteiro, espero
A visão que comove
E Pelé disse love, love, love

Na maré da utopia banhar todo dia
A beleza do corpo convém
Olha o pulo da jia, não tendo utopia
Não pia a beleza também

Digo pra ninguém

Meu amor, desejo
Pelo mundo inteiro eu vejo
O que não tem quem prove
E Pelé disse love, love, love

Na densa floresta feliz, prolifera
A linhagem da fera feroz
Ciclones de estrelas desenham-se
Livres e fortes diante de nós

E eu com minha voz

Meu amor, preciso
Pelo mundo inteiro aviso
Olha o noventa e nove
E Pelé disse love, love, love

JEITO DE CORPO

Eu tô fazendo saber
Vou saber fazer tudo de que eu sou a fins
Logo eu cri que não crer era o vero crer
Hoje oro sobre patins
Sampa na Boca do Rio
O meu projeto Brasil
Perigas perder você
Mas mesmo na deprê
Chama-se um Gilberto Gil
Bode não dá pra entender
Torna a repetir
Transcende o marco dois mil
Barco desvela esse mar
Delta desvenda esse ar
Não me digam que eu estou louco
É só um jeito de corpo
Não precisa ninguém me acompanhar

Eu sou Renato Aragão, santo trapalhão
Eu sou Muçum, sou Dedé
Sou Zacarias, carinho
Pássaro no ninho
Qual tu me vê na tevê
Falta aprender a mentir
Entro até numas por ti
Minha identificação, registro geral
Carece de revisão
Cara, careta, dedão
Isso não é legal em frase de transição

[176]

Sou celacanto do mar
Adolescendo solar
Não pensem que é um papo torto
É só um jeito de corpo
Não precisa ninguém me acompanhar

[177]

A OUTRA BANDA DA TERRA

Amar
Dar tudo
Não ter medo
Tocar
Cantar
No mundo
Pôr o dedo
No lá
Lugar
Ligar gente
Lançar sentido
Onda branda da guerra
Beira do ar
Serra vale mar
Nossa banda da terra é outra
E não erra quem anda
Nessa terra da banda
Face oculta azul do araçá

Falar verdade
Ter vontade
Topar
Entrar na vida
Com a música
Obá
Olá
Brasil
'Ta que o pariu
Que gente!

Cantuária e Holanda
Maputo Rio
Luanda lua
Nossa banda da terra é outra
Canadá Jamaicuba
Muitas gatas na tuba
Dos rapazes da banda cá
Gozar
A lida
Indefinidamente
Amar

PODRES PODERES

Enquanto os homens exercem seus podres poderes
Motos e fuscas avançam os sinais vermelhos
E perdem os verdes
Somos uns boçais

Queria querer gritar setecentas mil vezes
Como são lindos, como são lindos os burgueses
E os japoneses
Mas tudo é muito mais

Será que nunca faremos senão confirmar
A incompetência da América católica
Que sempre precisará de ridículos tiranos?

Será, será que será que será que será
Será que esta minha estúpida retórica
Terá que soar, terá que se ouvir
Por mais zil anos?

Enquanto os homens exercem seus podres poderes
Índios e padres e bichas, negros e mulheres
E adolescentes fazem o carnaval

Queria querer cantar afinado com eles
Silenciar em respeito ao seu transe, num êxtase
Ser indecente
Mas tudo é muito mau

[180]

Ou então cada paisano e cada capataz
Com sua burrice fará jorrar sangue demais
Nos pantanais, nas cidades, caatingas
e nos Gerais?

Será que apenas os hermetismos pascoais
Os tons, os mil tons, seus sons e seus dons geniais
Nos salvam, nos salvarão dessas trevas
E nada mais?

Enquanto os homens exercem seus podres poderes
Morrer e matar de fome, de raiva e de sede
São tantas vezes gestos naturais

Eu quero aproximar o meu cantar vagabundo
Daqueles que velam pela alegria do mundo
Indo mais fundo
Tins e bens e tais

VAMO COMER

Vamo comer
Vamo comer feijão
Vamo comer
Vamo comer farinha
Se tiver
Se não tiver então
Vamo comer
Vamo comer faisão
Vamo comer
Vamo comer tempura
Se tiver
Se não tiver então

Eu não sou deputado baiano
E, como dizia o outro, não sou de reclamar
Mas se estamos nesse cano
Não consigo me calar
É um papo de pelicano romântico
Aberto pro bico de quem alcançar
Quem quiser ver
Quem quiser ouvir
Quem quiser falar

Vamo comer
Vamo comer, João
Vamo comer
Vamo comer, Maria
Se tiver
Se não tiver então

Vamo comer
Vamo comer canção
Vamo comer
Vamo comer poesia
Se tiver
Se não tiver então

O padre na televisão
Diz que é contra a legalização do aborto
E a favor da pena de morte
Eu disse: não! que pensamento torto!
E a pretexto de aids, aids
Nunca se falou de sexo
Com tanta franqueza e confiança
Mas é bom saber o que dizer
E o que não dizer
Na frente das crianças

Merci beaucoup
Merci beaucoup, Bahia
Arigatô
Arigatô, Jamaica
E Trinidad
E Trinidad-Tobago
'Brigado Cuba
Thank you, Martinica
E Surinam
Belém do Grão-Pará

Y gracias, Puerto
Gracias Puerto Rico

Baiano burro nasce, cresce
E nunca pára no sinal
E quem pára e espera o verde
É que é chamado de boçal
Quando é que em vez de rico
Ou polícia ou mendigo ou pivete
Serei cidadão
E quem vai equacionar as pressões
Do PT, da UDR
E fazer dessa vergonha
Uma nação?

OS OUTROS ROMÂNTICOS   *para Jorge Mautner*

Eram os outros românticos, no escuro
Cultuavam outra idade média, situada no futuro
Não no passado
Sendo incapazes de acompanhar
A baba Babel de economias
As mil teorias da economia
Recitadas na televisão
Tais irredutíveis ateus
Simularam uma religião
E o espírito era o sexo de Pixote, então
Na voz de algum cantor de rock alemão
Com o ódio aos que mataram Pixote a mão
Nutriam a rebeldia e a revolução

E os trinta milhões de meninos abandonados do Brasil
Com seus peitos crescendo, seus paus crescendo
E os primeiros mênstruos
Compunham as visões dos seus vitrais
E seus apocalipses mais totais
E suas utopias radicais

Anjos sobre Berlim
"O mundo desde o fim"
E no entanto era um SIM
E foi e era e é e será sim

[185]

FORA DA ORDEM

Vapor Barato, um mero serviçal do narcotráfico
Foi encontrado na ruína de uma escola em construção
Aqui tudo parece que é ainda construção e já é ruína
Tudo é menino e menina no olho da rua
O asfalto, a ponte, o viaduto ganindo pra lua
Nada continua
E o cano da pistola que as crianças mordem
Reflete todas as cores da paisagem da cidade
Que é muito mais bonita e
Muito mais intensa do que no cartão-postal

Alguma coisa está fora da ordem
Fora da nova ordem mundial

Escuras coxas duras tuas duas de acrobata mulata
Tua batata da perna moderna, a trupe intrépida em que fluis
Te encontro em Sampa de onde mal se vê quem sobe
Ou desce a rampa
Alguma coisa em nossa transa é quase luz forte demais
Parece pôr tudo à prova, parece fogo, parece, parece paz
Parece paz
Pletora de alegria, um show de Jorge Benjor dentro de nós
É muito, é grande, é total

Alguma coisa está fora da ordem
Fora da nova ordem mundial

Meu canto esconde-se como um bando de ianomâmis
                                        [na floresta
(De curdos na montanha)

[186]

Na minha testa caem, vêm colar-se plumas de um velho cocar
Estou de pé em cima do monte de imundo lixo baiano
Cuspo chicletes do ódio no esgoto exposto do Leblon
Mas retribuo a piscadela do garoto de frete do Trianon
Eu sei o que é bom
Eu não espero pelo dia em que todos os homens concordem
Apenas sei de diversas harmonias bonitas possíveis
                              [sem juízo final

Alguma coisa está fora da ordem
Fora da nova ordem mundial

O CU DO MUNDO

O furto, o estupro, o rapto pútrido
O fétido seqüestro
O adjetivo esdrúxulo em U
Onde o cujo faz a curva
(O cu do mundo, este nosso sítio)
O crime estúpido, o criminoso só
Substantivo, comum
O fruto espúrio reluz
À subsombra desumana dos linchadores

A mais triste nação
Na época mais podre
Compõe-se de possíveis
Grupos de linchadores

HAITI

Quando você for convidado pra subir no adro
Da Fundação Casa de Jorge Amado
Pra ver do alto a fila de soldados, quase todos pretos
Dando porrada na nuca de malandros pretos
De ladrões mulatos
E outros quase brancos
Tratados como pretos
Só pra mostrar aos outros quase pretos
(E são quase todos pretos)
E aos quase brancos, pobres como pretos
Como é que pretos, pobres e mulatos
E quase brancos quase pretos de tão pobres são tratados
E não importa se olhos do mundo inteiro
Possam estar por um momento voltados para o largo
Onde os escravos eram castigados
E hoje um batuque, um batuque
Com a pureza de meninos uniformizados
De escola secundária em dia de parada
E a grandeza épica de um povo em formação
Nos atrai, nos deslumbra e estimula
Não importa nada
Nem o traço do sobrado, nem a lente do Fantástico
Nem o disco de Paul Simon
Ninguém, ninguém é cidadão
Se você for ver a festa do Pelô
E se você não for
Pense no Haiti
Reze pelo Haiti

O Haiti é aqui
O Haiti não é aqui

E na TV se você vir um deputado
Em pânico mal dissimulado
Diante de qualquer, mas qualquer mesmo
Qualquer qualquer
Plano de educação que pareça fácil
Que pareça fácil e rápido
E vá representar uma ameaça de democratização
Do ensino de primeiro grau
E se esse mesmo deputado defender a adoção da pena capital
E o venerável cardeal disser que vê tanto espírito no feto
E nenhum no marginal
E se, ao furar o sinal, o velho sinal vermelho habitual
Notar um homem mijando na esquina da rua
Sobre um saco brilhante de lixo do Leblon
E quando ouvir o silêncio sorridente de São Paulo
Diante da chacina: 111 presos indefesos
Mas presos são quase todos pretos
Ou quase pretos, ou quase brancos quase pretos de tão pobres
E pobres são como podres
E todos sabem como se tratam os pretos
E quando você for dar uma volta no Caribe
E quando for trepar sem camisinha
E apresentar sua participação inteligente no bloqueio a Cuba
Pense no Haiti
Reze pelo Haiti

O Haiti é aqui
O Haiti não é aqui

Essa cidade me atravessa

LONDON, LONDON

I'm wandering round and round nowhere to go
I'm lonely in London London is lovely so
I cross the streets without fear
Everybody keeps the way clear
I know, I know no one here to say hello
I know they keep the way clear
I am lonely in London without fear
I'm wandering round and round here nowhere to go

While my eyes
Go looking for flying saucers in the sky

Oh Sunday, Monday, Autumn pass by me
And people hurry on so peacefully
A group approaches a policeman
He seems so pleased to please them
It's good at least to live and I agree
He seems so pleased at least
And it's so good to live in peace and
Sunday, Monday, years and I agree

While my eyes
Go looking for flying saucers in the sky

I choose no face to look at
Choose no way
I just happen to be here
And it's ok

[195]

Green grass, blue eyes, grey sky, God bless
Silent pain and happiness
I came around to say yes, and I say

But my eyes
Go looking for flying saucers in the sky

FLOR DO CERRADO

Todo fim de ano é fim de mundo e todo fim de mundo
                              [é tudo que já está no ar
Tudo que já está
Todo ano é bom todo mundo é fim
Você tem amor em mim

Todo mundo sabe e você sabe que a cidade vai sumir
                              [por debaixo do mar
É a cidade que vai avançar
E não o mar
Você não vê
Mas da próxima vez que eu for a Brasília eu trago
                    [uma flor do cerrado pra você

Tem que ter um jeito e vai dar certo e Zé me disse
                    [que ninguém vai precisar morrer
Para ser
Para tudo ser
Eu, você

Todo fim de mundo é fim de nada é madrugada
                    [e ninguém tem mesmo nada a perder
Eu quero ver
Olho pra você
Tudo vai nascer
Mas da próxima vez que eu for a Brasília eu trago
                              [uma flor do cerrado pra você

SAMPA

Alguma coisa acontece no meu coração
Que só quando cruza a Ipiranga e a avenida São João
É que quando eu cheguei por aqui eu nada entendi
Da dura poesia concreta de tuas esquinas
Da deselegância discreta de tuas meninas
Ainda não havia para mim Rita Lee
A tua mais completa tradução
Alguma coisa acontece no meu coração
Que só quando cruza a Ipiranga e a avenida São João

Quando eu te encarei frente a frente e não vi o meu rosto
Chamei de mau gosto o que vi, de mau gosto, mau gosto
É que Narciso acha feio o que não é espelho
E à mente apavora o que ainda não é mesmo velho
Nada do que não era antes quando não somos mutantes
E foste um difícil começo
Afasto o que não conheço
E quem vem de outro sonho feliz de cidade
Aprende depressa a chamar-te de realidade
Porque és o avesso do avesso do avesso do avesso

Do povo oprimido nas filas, nas vilas, favelas
Da força da grana que ergue e destrói coisas belas
Da feia fumaça que sobe, apagando as estrelas
Eu vejo surgir teus poetas de campos e espaços
Tuas oficinas de florestas, teus deuses da chuva
Pan-Américas de Áfricas utópicas, túmulo do samba

[198]

Mas possível novo quilombo de Zumbi
E os Novos Baianos passeiam na tua garoa
E novos baianos te podem curtir numa boa

TEMPO DE ESTIO

Quero comer
Quero mamar
Quero preguiça
Quero querer
Quero sonhar
Felicidade

É o amor
É o calor
A cor da vida
É o verão
Meu coração
É a cidade

Rio, eu quero
suas meninas

O Rio está cheio de Solanges e Leilas
Flávias e Patrícias e Sônias e Malenas
Anas e Marinas e Lúcias e Terezas
Glórias e Denises e luz eterna Vera

Rio, tempo de estio
Eu quero suas meninas

VACA PROFANA

Respeito muito minhas lágrimas
Mas ainda mais minha risada
Inscrevo assim minhas palavras
Na voz de uma mulher sagrada
Vaca profana, põe teus cornos
Pra fora e acima da manada

Ê dona das divinas tetas
Derrama o leite bom na minha cara
E o leite mau na cara dos caretas

Segue a movida Madrileña
Também te mata Barcelona
Napoli, Pino, Pi, Pau, punks
Picassos movem-se por Londres
Bahia onipresentemente
Rio e belíssimo horizonte

Ê vaca de divinas tetas
La leche buena toda em mi garganta
La mala leche para los puretas

Quero que pinte um amor Bethânia
Steve Wonder, andaluz
Como o que tive em Tel Aviv
Perto do mar, longe da cruz
Mas em composição cubista
Meu mundo Thelonius Monk's blues

[201]

Ê vaca das divinas tetas
Teu bom só para o oco, minha falta
E o resto inunde as almas dos caretas

Sou tímido e espalhafatoso
Torre traçada por Gaudí
São Paulo é como o mundo todo
No mundo um grande amor perdi
Caretas de Paris, New York
Sem mágoas estamos aí

Ê dona das divinas tetas
Quero teu leite todo em minha alma
Nada de leite mau para os caretas

Mas eu também sei ser careta
De perto ninguém é normal
Às vezes segue em linha reta
A vida que é meu bem, meu mal
No mais as ramblas do planeta
Orchata de chufa si us plau

Ê deusa de assombrosas tetas
Gotas de leite bom na minha cara
Chuva do mesmo bom sobre as caretas

O NOME DA CIDADE

Ôôôôôôô ê boi! Ê bus!

Onde será que isso começa
A correnteza sem paragem
O viajar de uma viagem
A outra viagem que não cessa

Cheguei ao nome da cidade
Não à cidade mesma, espessa
Rio que não é rio: imagens
Essa cidade me atravessa

Ôôôôôôô ê boi! Ê bus!

Será que tudo me interessa?
Cada coisa é demais e tantas
Quais eram minhas esperanças?
O que é ameaça e o que é promessa?

Ruas voando sobre ruas
Letras demais, tudo mentindo
O Redentor, que horror! Que lindo!
Meninos maus, mulheres nuas

Ôôôôôôô ê boi! Ê bus!

A gente chega sem chegar
Não há meada, é só o fio

[203]

Será que pra o meu próprio rio
Este rio é mais mar que o mar?

Ôôôôôôô ê boi! Ê bus!
Sertão, sertão! Ê mar!

O ESTRANGEIRO

O pintor Paul Gauguin amou a luz da Baía de Guanabara
O compositor Cole Porter adorou as luzes na noite dela
A Baía de Guanabara
O antropólogo Claude Lévi-Strauss detestou
                              [a Baía de Guanabara
Pareceu-lhe uma boca banguela
E eu, menos a conhecera, mais a amara?
Sou cego de tanto vê-la, de tanto tê-la estrela
O que é uma coisa bela?
O amor é cego
Ray Charles é cego
Stevie Wonder é cego
E o albino Hermeto não enxerga mesmo muito bem
Uma baleia, uma telenovela, um alaúde, um trem?
Uma arara?
Mas era ao mesmo tempo bela e banguela a Guanabara
Em que se passara passa passará um raro pesadelo
Que aqui começo a construir sempre buscando o belo
                                        [e o Amaro
Eu não sonhei:
A praia de Botafogo era uma esteira rolante de areia
                              [branca e óleo diesel
Sob meus tênis
E o Pão de Açúcar menos óbvio possível
À minha frente
Um Pão de Açúcar com umas arestas insuspeitadas
À áspera luz laranja contra a quase não luz, quase não púrpura
Do branco das areias e das espumas
Que era tudo quanto havia então de aurora

Estão às minhas costas um velho com cabelos
                              [nas narinas
E uma menina ainda adolescente e muito linda
Não olho pra trás mas sei de tudo
Cego às avessas, como nos sonhos, vejo o que desejo
Mas eu não desejo ver o terno negro do velho
Nem os dentes quase-não-púrpura da menina
(Pense Seurat e pense impressionista
Essa coisa da luz nos brancos dente e onda
Mas não pense surrealista que é outra onda)
E ouço as vozes
Os dois me dizem
Num duplo som
Como que sampleados num Sinclavier:
"É chegada a hora da reeducação de alguém
Do Pai, do Filho, do Espírito Santo, amém
O certo é louco tomar eletrochoque
O certo é saber que o certo é certo
O macho adulto branco sempre no comando
E o resto ao resto, o sexo é o corte, o sexo
Reconhecer o valor necessário do ato hipócrita
Riscar os índios, nada esperar dos pretos"
E eu, menos estrangeiro no lugar que no momento
Sigo mais sozinho caminhando contra o vento
E entendo o centro do que estão dizendo
Aquele cara e aquela:
É um desmascaro
Singelo grito:
"O rei está nu"

Mas eu desperto porque tudo cala frente ao fato de que
[o rei é mais bonito nu
E eu vou e amo o azul, o púrpura e o amarelo
E entre o meu ir e o do sol, um aro, um elo
("Some may like a soft brazilian singer
But I've given up all attempts at perfection")

AMERICANOS

Americanos pobres na noite da Louisiana
Turistas ingleses assaltados em Copacabana
Os pivetes ainda pensam que eles eram americanos
Turistas espanhóis presos no Aterro do Flamengo
Por engano
Americanos ricos já não passeiam por Havana
Viados americanos trazem o vírus da aids
Para o Rio no carnaval
Viados organizados de São Francisco conseguem
Controlar a propagação do mal
Só um genocida em potencial
— De batina, de gravata ou de avental —
Pode fingir que não vê que os viados
— Tendo sido o grupo-vítima preferencial —
Estão na situação de liderar o movimento para deter
A disseminação do HIV

Americanos são muito estatísticos
Têm gestos nítidos e sorrisos límpidos
Olhos de brilho penetrante que vão fundo
No que olham, mas não no próprio fundo

Os americanos representam grande parte
Da alegria existente neste mundo

Para os americanos branco é branco, preto é preto
                              [(e a mulata não é a tal)
Bicha é bicha, macho é macho
Mulher é mulher e dinheiro é dinheiro

[208]

E assim ganham-se, barganham-se, perdem-se
Concedem-se, conquistam-se direitos
Enquanto aqui embaixo a indefinição é o regime

E dançamos com uma graça cujo segredo nem eu mesmo sei
Entre a delícia e a desgraça
Entre o monstruoso e o sublime

Americanos não são americanos
São os velhos homens humanos
Chegando, passando, atravessando
São tipicamente americanos

Americanos sentem que algo se perdeu
Algo se quebrou, está se quebrando

ABOIO

Urbe imensa
Pensa o que é e será e foi
Pensa no boi
Enigmática máscara boi
Tem piedade

Megacidade
Conta teus meninos
Canta com teus sinos
A felicidade intensa
Que se perde e encontra em ti
Luz dilui-se
E adensa-se

Pensa-te

MANHATÃ   *para Lulu Santos*

Uma canoa canoa
Varando a manhã de norte a sul
Deusa da lenda na proa
Levanta uma tocha na mão
Todos os homens do mundo
Voltaram seus olhos naquela direção
Sente-se o gosto do vento
Cantando nos vidros o nome doce da cunhã:

Manhattan, Manhattan
Manhattan, Manhattan

Um remoinho de dinheiro
Varre o mundo inteiro, um leve leviatã
E aqui dançam guerras no meio
Da paz das moradas de amor

Ah! Pra onde vai, quando for
Essa imensa alegria, toda essa exaltação
Ah! Solidão, multidão
Que menina bonita mordendo a polpa da maçã:

Manhattan, Manhattan
Manhattan, Manhattan

CANTIGA DE BOI   *a Guile, Vadim e Zé Miguel*

Meça a cabeça do boi:
Um CD colado à testa
Adornaram-no pra a festa
Do que foi. Desça à metade
Do que eternamente nasce:
Na face que é iridescente
Ó gente, dá-se a cidade

Abra a cabeça do boi:
Por trás do CD um moço
Nesse cabra uma serpente
Cobra lá dentro do osso
Posso não crer na verdade
Mas ela dobra comigo:
Abrigo em mim a cidade

Cantiga de boi é densa
Não se dança nem se entende
Doença, cura e repente
E desafio ao destino
Menino já tem saudade
Do que mal surgiu à frente:
Alma, CD, boi, cidade

Purificação do adro
O quadro produz-se ali
Luz o paralelepípedo
Límpido cristal de olhar
Grécia, Roma e Cristandade
O CD refrata o tempo —
— Templo-espaço da cidade

[212]

MEU RIO

Meu Rio
Perto da favela do Muquiço
Eu menino já entendia isso
Um gosto de Susticau
Balé no Municipal
Quintino:
Um coreto
Entrevisto do passar do trem
Nós nos lembramos bem
Baianos, paraenses e pernambucanos:
Ar morno, pardo, parado
Mar, pérola
Verde onda de cetim frio
Meu Rio
Longe da favela do Muquiço
Tudo no meu coração
Esperava o bom do som: João
Tom Jobim
Traçou por fim
Por sobre mim
Teu monte-céu
Teu próprio deus
Cidade
Vista do outro lado da baía
De ouro e fogo no findar do dia
Nas tardes daquele então
Te amei no meu coração
Te amo
Em silêncio

[213]

Daqui do Saco de São Francisco
Eu cobiçava o risco
Da vida
Nesses prédios todos, nessas ruas
Rapazes maus, moças nuas
O teu carnaval
É um vapor luzidio
E eu rio
Dentro da favela do Muquiço
Mangueira no coração
Guadalupe em mim é Fundação
Solidão
Maracanã
Samba-canção
Sem pai nem mãe
Sem nada meu
Meu Rio

Pedra vida flor

A RÃ

Coro de cor
Sombra de som de cor
De mal-me-quer
De mal-me-quer de bem
De bem-me-diz
De me dizendo assim
Serei feliz
Serei feliz de flor
De flor em flor
De samba em samba em som
De vai e vem
De ver de verde ver
Pé de capim
Bico de pena pio
De bem-te-vi
Amanhecendo sim
Perto de mim
Perto da claridade
Da manhã
A grama a lama tudo
É minha irmã
A rama o sapo o salto
De uma rã

CANTO DO POVO DE UM LUGAR

Todo dia o sol levanta
E a gente canta
Ao sol de todo dia

Fim da tarde a terra cora
E a gente chora
Porque finda a tarde

Quando a noite a lua mansa
E a gente dança
Venerando a noite

GRAVIDADE

Asa asa asa asa
Não ter asa
Pedras no fundo do azul

Água água água água
Barbatana
Seixo rolando no leito

Chama chama chama chama
Nada nada
Sonho afogado no ar

Asa asa asa asa
O vento entra pela casa
Pedra de sono na cama
Sonho no fundo do leito
Brasa debaixo da cinza
Anjo no peito da terra
Asa no fundo do sonho

Asa asa asa asa
Rio infinito no leito de um rio

Seixo seixo seixo seixo
Destino do destino
Destino do destino

ASA

Pássaro um
Pássaro pairando um
Pássaro momento um
Pássaro ar
Pássaro ímpar
Parou pousar
Parou repousar

Pássaro som
Pássaro parado um
Pássaro silêncio um
Pássaro ir
Pássaro ritmo
Passar voou
Passar avoou

Pássaro par

Pássaro um
Pássaro pairando um
Pássaro momento um
Pássaro ar
Pássaro ímpar
Parou pousar
Parou repousar

PELOS OLHOS

O Deus que mora na proximidade do haver avencas
Esse Deus das avencas é a luz
Saindo pelos olhos
De minha amiguinha

O Deus que mora na proximidade do haver avencas
Esse Deus dos fetos
Das plantas pequenas é a luz
Saindo pelos olhos
De minha amiguinha linda
De minha amiguinha

A GRANDE BORBOLETA

A grande borboleta
Leve numa asa a lua
E o sol na outra

E entre as duas a seta

A grande borboleta
Seja completa-
Mente solta

CÁ JÁ

Vejo que areia linda
Brilhando cada grão
Graças do sol ainda
Vibram pelo chão

Vejo que a água deixa
As cores de outra cor
Volta pra si sem queixa
Tudo é tanto amor

Esteja cá já
Pedra vida flor
Seja cá já
Esteja cá já
Tempo bicho dor
Seja cá já
Doce jaca já
Jandaia aqui agora

Ouço que tempo imenso
Dentro de cada som
Música que não penso
Pássaro tão bom

Ouço que vento, vento
Ondas asas capim
Momento movimento
Sempre agora em mim

[223]

Esteja cá já
Pedra vida flor
Seja cá já
Esteja cá já
Tempo bicho dor
Seja cá já
Doce jaca já
Jandaia aqui agora

LUA DE SÃO JORGE

Lua de São Jorge
Lua deslumbrante
Azul verdejante
Cauda de pavão

Lua de São Jorge
Cheia, branca, inteira
Ó minha bandeira
Solta na amplidão

Lua de São Jorge
Lua brasileira
Lua do meu coração

Lua de São Jorge
Lua maravilha
Mãe, irmã e filha
De todo esplendor

Lua de São Jorge
Brilha nos altares
Brilha nos lugares
Onde estou e vou

Lua de São Jorge
Brilha sobre os mares
Brilha sobre o meu amor

Lua de São Jorge
Lua soberana

Nobre porcelana
Sobre a seda azul

Lua de São Jorge
Lua da alegria
Não se vê um dia
Claro como tu

Lua de São Jorge
Serás minha guia
No Brasil de Norte a Sul

QUEDA-D'ÁGUA

A queda-d'água ergueu-se à minha frente
De repente
Tudo ficou de pé eternamente
A floresta, a pedra, o vento vertical do abismo
E o senhor que anima esse ambiente
Ficou comigo

Eu sou potente e contenho a visão
Da queda erguida d'água-vida tão contente e são

Havia ali a presença toda sã
De minha irmã e (coisa mais que azul)
A lua
Sobre um pinheiro do Sul

PURIFICAR O SUBAÉ

Purificar o Subaé
Mandar os malditos embora
Dona d'água doce quem é?
Dourada rainha senhora
Amparo do Sergimirim
Rosário dos filtros da aquária
Dos rios que deságuam em mim
Nascente primária
Os riscos que corre essa gente morena
O horror de um progresso vazio
Matando os mariscos e os peixes do rio
Enchendo o meu canto
De raiva e de pena

LUZ DO SOL

Luz do sol
Que a folha traga e traduz
Em verde novo
Em folha, em graça, em vida, em força, em luz

Céu azul que vem
Até onde os pés tocam a terra
E a terra inspira e exala seus azuis

Reza, reza o rio
Córrego pro rio e o rio pro mar
Reza a correnteza, roça a beira, doura a areia
Marcha o homem sobre o chão
Leva no coração uma ferida acesa
Dono do sim e do não
Diante da visão da infinita beleza
Finda por ferir com a mão essa delicadeza
A coisa mais querida, a glória da vida

Luz do sol
Que a folha traga e traduz
Em verde novo
Em folha, em graça, em vida, em força, em luz

SHY MOON

Shy moon

Hiding in the haze
I can see your white face
Hope you can hear my tune

Shy moon

Why didn't you stop her
Don't you know I suffer
And you'll watch me cry soon

Shy moon

Glow through the pollution
Find me a solution
I'll wait on the high dune

Shy moon

EU E ÁGUA

A água arrepiada pelo vento
A água e seu cochicho
A água e seu rugido
A água e seu silêncio

A água me contou muitos segredos
Guardou os meus segredos
Refez os meus desenhos
Trouxe e levou meus medos

A grande mãe me viu num quarto cheio d'água
Num enorme quarto lindo e cheio d'água
E eu nunca me afogava

O mar total e eu dentro do eterno ventre
E a voz de meu pai, voz de muitas águas
Depois o rio passa
Eu e água, eu e água
Eu

Cachoeira, lago, onda, gota
Chuva miúda, fonte, neve, mar
A vida que me é dada
Eu e água

Água
Lava as mazelas do mundo
E lava a minha alma

VENTO

Vento, pastor da curva do mar
Vim te sentir passar
Volta do mundo
Tu és o meu lugar
Vento daqui, de longe, de lá
Meu verdadeiro lar
Voz do coqueiro
Que manda a duna andar
Quero te ver brincando entre onda e onda
Quero te ouvir cantando no bambu
Quero que me perguntes e que eu te responda
Não contes a ninguém
Esconde em teu azul
Palha da palma das asas dos anjinhos
Saia rendada, tuba, procissão
Roça na minha pele, me faz carinho
Me ensina o que eu já sei
Meu mestre e meu irmão
Vento de tempo, espaço e canção
Aves de arribação
Vida da vela
Estrada do avião
Vento sem pena e sem ilusão
Sem Deus e sem razão
Bafo de estrela
Sopro no coração

Existirmos: a que será que se destina?

TERRA

Quando eu me encontrava preso
Na cela de uma cadeia
Foi que eu vi pela primeira vez
As tais fotografias
Em que apareces inteira
Porém lá não estavas nua
E sim coberta de nuvens

Terra, Terra
Por mais distante o errante navegante
Quem jamais te esqueceria?

Ninguém supõe a morena
Dentro da estrela azulada
Na vertigem do cinema
Mando um abraço pra ti, pequenina
Como se eu fosse o saudoso poeta
E fosses a Paraíba

Terra, Terra
Por mais distante o errante navegante
Quem jamais te esqueceria?

Eu estou apaixonado
Por uma menina terra
Signo do elemento terra
Do mar se diz terra à vista
Terra para o pé, firmeza
Terra para a mão, carícia
Outros astros lhe são guia

[235]

Terra, Terra
Por mais distante o errante navegante
Quem jamais te esqueceria?

Eu sou um leão de fogo
Sem ti me consumiria
A mim mesmo eternamente
E de nada valeria
Acontecer de eu ser gente
E gente é outra alegria
Diferente das estrelas

Terra, Terra
Por mais distante o errante navegante
Quem jamais te esqueceria?

De onde nem tempo nem espaço
Que a força mande coragem
Pra gente te dar carinho
Durante toda a viagem
Que realizas no nada
Através do qual carregas
O nome da tua carne

Terra, Terra
Por mais distante o errante navegante
Quem jamais te esqueceria?

"Nas sacadas dos sobrados
Da velha São Salvador
Há lembranças de donzelas
Do tempo do imperador
Tudo, tudo na Bahia
Faz a gente querer bem
A Bahia tem um jeito"

Terra, Terra
Por mais distante o errante navegante
Quem jamais te esqueceria?

PECADO ORIGINAL

Todo dia, toda noite, toda hora,
Toda madrugada, momento e manhã
Todo mundo, todos os segundos do minuto
Vive a eternidade da maçã
Tempo da serpente nossa irmã
Sonho de ter uma vida sã

Quando a gente volta o rosto para o céu
E diz olhos nos olhos da imensidão:
Eu não sou cachorro, não
A gente não sabe o lugar certo de colocar o desejo

Todo beijo, todo medo, todo corpo
Em movimento está cheio de inferno e céu
Todo santo, todo canto, todo pranto, todo manto
Está cheio de inferno e céu
O que fazer com o que Deus nos deu?
O que foi que nos aconteceu?

Quando a gente volta o rosto para o céu
E diz olhos nos olhos da imensidão:
Eu não sou cachorro, não
A gente não sabe o lugar certo de colocar o desejo

Todo homem, todo lobisomem
Sabe a imensidão da fome que tem de viver
Todo homem sabe que essa fome é mesmo grande
E até maior que o medo de morrer
Mas a gente nunca sabe mesmo o que é que quer uma mulher

CAJUÍNA

Existirmos: a que será que se destina?
Pois quando tu me deste a rosa pequenina
Vi que és um homem lindo e que se acaso a sina
Do menino infeliz não se nos ilumina
Tampouco turva-se a lágrima nordestina
Apenas a matéria vida era tão fina
E éramos olharmo-nos intacta retina
A cajuína cristalina em Teresina

PELE

Deus deseja que a tua doçura
Que também é a dele
Se revele, mais pura, na tua pele
E que eu pouse a mão sobre teu colo
Lua na noite escura
E a brancura do pólo se descongele

Essa pele de criança
Essa rima pra esperança
Tão antiga e nova
Que põe tudo à prova
Esse repouso, essa dança
Que me impele, que me lança
No meio da vida
Pra uma outra trova

Pele, pétala calma
Pele, parte mais clara da alma
Que o mistério se desvele
E outra vez mistério seja
Sobre tua pele
É o que Deus deseja

Tua pele luminosa
Madrepérola animada
Mensagem da rosa, enfim decifrada

O HOMEM VELHO

À memória de meu pai, a Mick Jagger e a Chico Buarque, que agora

tem 40 anos, mas aos 20 fez uma canção lindíssima sobre o tema

O homem velho deixa vida e morte para trás
Cabeça a prumo, segue rumo e nunca, nunca mais
O grande espelho que é o mundo ousaria refletir os seus sinais
O homem velho é o rei dos animais

A solidão agora é sólida, uma pedra ao sol
As linhas do destino nas mãos a mão apagou
Ele já tem a alma saturada de poesia, soul e rock'n'roll
As coisas migram e ele serve de farol

A carne, a arte arde, a tarde cai
No abismo das esquinas
A brisa leve traz o olor fugaz
Do sexo das meninas

Luz fria, seus cabelos têm tristeza de néon
Belezas, dores e alegrias passam sem um som
Eu vejo o homem velho rindo numa curva do caminho
                                                    [de Hebron
E ao seu olhar tudo o que é cor muda de tom

Os filhos, filmes, ditos, livros como um vendaval
Espalham-no além da ilusão do seu ser pessoal
Mas ele dói e brilha único, indivíduo, maravilha sem igual
Já tem coragem de saber que é imortal

O CIÚME

Dorme o sol à flor do Chico, meio-dia
Tudo esbarra embriagado de seu lume
Dorme ponte, Pernambuco, Rio, Bahia
Só vigia um ponto negro: o meu ciúme

O ciúme lançou sua flecha preta e se viu ferido justo
                                    [na garganta
Quem nem alegre, nem triste, nem poeta
Entre Petrolina e Juazeiro canta

Velho Chico, vens de Minas
De onde o oculto do mistério se escondeu
Sei que o levas todo em ti
Não me ensinas
E eu sou só eu só eu só eu

Juazeiro, nem te lembras desta tarde
Petrolina, nem chegaste a perceber
Mas na voz que canta tudo ainda arde
Tudo é perda, tudo quer buscar, cadê?

Tanta gente canta
Tanta gente cala
Tantas almas esticadas no curtume
Sobre toda estrada, sobre toda sala
Paira monstruosa
A sombra do ciúme

Os deuses sem Deus

GÊNESIS

Primeiro não havia nada
Nem gente, nem parafuso
O céu era então confuso
E não havia nada
Mas o espírito de tudo
Quanto ainda não havia
Tomou forma de uma jia
Espírito de tudo

E dando o primeiro pulo
Tornou-se o verso e o reverso
De tudo que é universo
Dando o primeiro pulo
Assim que passou a haver
Tudo quanto não havia
Tempo pedra peixe dia
Assim passou a haver

Dizem que existe uma tribo
De gente que sabe o modo
De ver esse fato todo
Diz que existe essa tribo
De gente que toma um vinho
Num determinado dia
E vê a cara da jia
Gente que toma um vinho

Dizem que existe essa gente
Dispersa entre os automóveis

Que torna os tempos imóveis
Diz que existe essa gente
Dizem que tudo é sagrado
Devem se adorar as jias
E as coisas que não são jias
Diz que tudo é sagrado

E não havia nada
Espírito de tudo
Dando o primeiro pulo
Assim passou a haver
Diz que existe essa tribo
Gente que toma um vinho
Diz que existe essa gente
Diz que tudo é sagrado

ORAÇÃO AO TEMPO

És um senhor tão bonito
Quanto a cara do meu filho
Tempo Tempo Tempo Tempo
Vou te fazer um pedido
Tempo Tempo Tempo Tempo

Compositor de destinos
Tambor de todos os ritmos
Tempo Tempo Tempo Tempo
Entro num acordo contigo
Tempo Tempo Tempo Tempo

Por seres tão inventivo
E pareceres contínuo
Tempo Tempo Tempo Tempo
És um dos deuses mais lindos
Tempo Tempo Tempo Tempo

Que sejas ainda mais vivo
No som do meu estribilho
Tempo Tempo Tempo Tempo
Ouve bem o que te digo
Tempo Tempo Tempo Tempo

Peço-te o prazer legítimo
E o movimento preciso
Tempo Tempo Tempo Tempo
Quando o tempo for propício
Tempo Tempo Tempo Tempo

[247]

De modo que o meu espírito
Ganhe um brilho definido
Tempo Tempo Tempo Tempo
E eu espalhe benefícios
Tempo Tempo Tempo Tempo

O que usaremos pra isso
Fica guardado em sigilo
Tempo Tempo Tempo Tempo
Apenas contigo e migo
Tempo Tempo Tempo Tempo

E quando eu tiver saído
Para fora do teu círculo
Tempo Tempo Tempo Tempo
Não serei, nem terás sido
Tempo, Tempo, Tempo, Tempo

Ainda assim acredito
Ser possível reunirmo-nos
Tempo, Tempo, Tempo, Tempo
Num outro nível de vínculo
Tempo, Tempo, Tempo, Tempo

Portanto peço-te aquilo
E te ofereço elogios
Tempo Tempo Tempo Tempo
Nas rimas do meu estilo
Tempo Tempo Tempo Tempo

[248]

GEMA

Brilhante ê!
De noite, dentro da mata
Na escuridão, luz exata
Vejo você
Divina ê!
Diamantina presença
Na solidão de quem pensa
Só em você

Esquecer, não
Revelação

Deixa eu ver
Pedra-clarão na floresta
Gema do olho da festa
Deixa eu saber
Meu amor
Dona da minha cabeça
Não, nunca desapareça
Do seu amor

Esquecer, não
Me perder, não

Estrela ê!
Na taça negra da selva
Gota de luz sobre a relva
Meu bem-querer
Lua-Sol ê!

[249]

Centro do meu pensamento
Meu canto dentro do vento
Busca você

Esquecer, não
Esconder, não

Brilhante ê!

MENINO DEUS

Menino Deus
Um corpo azul dourado
Um porto alegre é bem mais que um seguro
Na rota das nossas viagens no escuro

Menino Deus
Quando tua luz se acenda
A minha voz comporá tua lenda
E por um momento haverá
Mais futuro do que jamais houve
Mas ouve a nossa harmonia
A eletricidade ligada no dia
Em que brilharias por sobre a cidade

Menino Deus
Quando a flor do teu sexo
Abrir as pétalas para o universo
Então por um lapso se encontrará nexo
Ligando os breus
Dando sentido aos mundos
E aos corações sentimentos profundos
De terna alegria
No dia do Menino Deus

[251]

MILAGRES DO POVO

Quem é ateu
E viu milagres como eu
Sabe que os deuses sem Deus
Não cessam de brotar
Nem cansam de esperar
E o coração que é soberano e que é senhor
Não cabe na escravidão
Não cabe no seu não
Não cabe em si de tanto sim
É pura dança e sexo e glória
E paira para além da história

Ojuobá ia lá e via
Ojuobahia
Xangô manda chamar
Obatalá guia
Mamãe Oxum chora
Lagrimalegria
Pétala de Iemanjá
Iansã-Oiá ia
Ojuobá ia lá e via
Ojuobahia
Obá

É no xaréu
Que brilha a prata luz do céu
E o povo negro entendeu
Que o grande vencedor
Se ergue além da dor

[252]

Tudo chegou sobrevivente num navio
Quem descobriu o Brasil
Foi o negro que viu
A crueldade bem de frente e ainda produziu milagres
De fé no extremo Ocidente

SANTA CLARA, PADROEIRA DA TELEVISÃO

Santa Clara, padroeira da televisão
Que o menino de olho esperto saiba ver tudo
Entender certo o sinal certo se perto do encoberto
Falar certo desse perto e do distante porto aberto
Mas calar
Saber lançar-se num claro instante

Santa Clara, padroeira da televisão
Que a televisão não seja o inferno, interno ermo
Um ver no excesso o eterno quase nada (quase nada)
Que a televisão não seja sempre vista
Como a montra condenada, a fenestra sinistra
Mas tomada pelo que ela é
De poesia

Quando a tarde cai onde o meu pai
Me fez e me criou
Ninguém vai saber que cor me dói
E foi e aqui ficou
Santa Clara

Saber calar, saber conduzir a oração
Possa o vídeo ser a cobra de outro éden
Porque a queda é uma conquista
E as miríades de imagens suicídio
Possa o vídeo ser o lago onde Narciso
Seja um deus que saberá também
Ressuscitar

[254]

Possa o mundo ser como aquela ialorixá
A ialorixá que reconhece o orixá no anúncio
Puxa o canto pro orixá que vê no anúncio
No caubói, no samurai, no moço nu, na moça nua
No animal, na cor, na pedra, vê na lua, vê na lua
Tantos níveis de sinais que lê
E segue inteira

Lua clara, trilha, sina
Brilha, ensina-me a te ver
Lua, lua, continua em mim
Luar, no ar, na TV
São Francisco

[255]

Outras palavras

JULIA / MORENO

Uma talvez Julia
Uma talvez Julia não
Uma talvez Julia não tem
Uma talvez Julia não tem nada
Uma talvez Julia não tem nada a ver
Uma talvez Julia não tem nada a ver com isso
Uma Julia

Um quiçá Moreno
Um quiçá Moreno nem
Um quiçá Moreno nem vai
Um quiçá Moreno nem vai querer
Um quiçá Moreno nem vai querer saber
Um quiçá Moreno nem vai querer saber qual era
Um Moreno

DE PALAVRA EM PALAVRA   *a Augusto de Campos*

    som
    mar
amarelanil
   maré
       anilina
amaranilanilinalinarama

    som
    mar
          silêncio
   não
    som

ÉPICO

Ê, saudade

Todo mundo protestando contra a poluição
Até as revistas de Walt Disney
Contra a poluição

Ê, Hermeto

Smetak, Smetak & Musak & Smetak
& Musak & Smetak & Musak
& Razão

Ê, cidade

Sinto calor, sinto frio
Nor-destino no Brasil?
Vivo entre São Paulo e Rio
Porque não posso chorar

Ê, começo

Destino eu faço não peço
Tenho direito ao avesso
Botei todos os fracassos
Nas paradas de sucessos

Ê, João

PIPOCA MODERNA

E era nada de nem noite de negro não
E era nê de nunca mais
E era noite de nê nunca de nada mais
E era nem de negro não
Porém parece que há golpes de pê, de pé, de pão
De parecer poder
(E era não de nada nem)
Pipoca ali, aqui, pipoca além
Desanoitece a manhã
Tudo mudou

SAMBA DA CABEÇA

A cabeça samba
A cabeça blusa
A cabeça rumba
A cabeça reggae

A cabeça agora
A cabeça fora
A cabeça adora
A cabeça nova

A cabeça pouca
A cabeça oca
A cabeça louca
A cabeça rouca

A cabeça ovo
A cabeça olho
A cabeça poupa
A cabeça todo

A cabeça lúdica
A cabeça América
A cabeça África
A cabeça música

A cabeça à toa
A cabeça boa
A cabeça voa
A cabeça

[263]

OUTRAS PALAVRAS

Nada dessa cica de palavra triste em mim na boca
Travo trava mãe e papai alma buena dicha loca
Neca desse sono de nunca jamais nem never more
Sim dizer que sim pra Cilu pra Dedé pra Dadi e Dó
Crista do desejo o destino deslinda-se em beleza:
Outras palavras

Tudo seu azul tudo céu tudo azul e furtacor
Tudo meu amor tudo mel tudo amor e ouro e sol
Na televisão na palavra no átimo no chão
Quero essa mulher solamente pra mim mas muito mais
Rima pra que faz tanto mas tudo dor amor e gozo:
Outras palavras

Nem vem que não tem vem que tem coração tamanho trem
Como na palavra palavra a palavra estou em mim
E fora de mim quando você parece que não dá
Você diz que diz em silêncio o que eu não desejo ouvir
Tem me feito muito infeliz mas agora minha filha:
Outras palavras

Quase João Gil Ben muito bem mas barroco como eu
Cérebro maquina palavras sentidos corações
Hiperestesia Buarque voilà tu sais de cor
Tinjo-me romântico mas sou vadio computador
Só que sofri tanto que grita porém daqui pra frente:
Outras palavras

Parafins gatins alphaluz sexonhei la guerrapaz
Ouraxé palávora driz oké cris expacial
Projeitinho imanso ciumortevida vidavid
Lambetelho frúturo orgasmaravalha-me Logun
Homenina nel paraís de felicidadania:
Outras palavras

ELE ME DEU UM BEIJO NA BOCA

Ele me deu um beijo na boca e me disse:
A vida é oca como a touca de um bebê sem cabeça
E eu ri à beça
E ele: como uma toca de raposa bêbada
E eu disse: chega da sua conversa de poço sem fundo
Eu sei que o mundo
É um fluxo sem leito e é só no oco do seu peito
Que corre um rio
Mas ele concordou que a vida é boa
Embora seja apenas a coroa
A cara é o vazio
E ele riu e riu e riu e ria
E eu disse: basta de filosofia
A mim me bastava que um prefeito desse um jeito
Na cidade da Bahia
Esse feito afetaria toda a gente da Terra
E nós veríamos nascer uma paz quente
Os filhos da Guerra Fria
Seria um antiacidente
Como uma rima
Desativando a trama daquela profecia
Que o Vicente me contou
Segundo a astronomia
Que em novembro do ano que inicia
Sete astros se alinharão em Escorpião como só no dia
Da bomba de Hiroxima
E ele me olhou de cima e disse assim pra mim:
Delfim, Margareth Tatcher, Menahem Begin
Política é o fim

[266]

E a crítica que não toque na poesia
O *Time Magazine* quer dizer que os Rolling Stones
                        [já não cabem no mundo
Do *Time Magazine*
Mas eu digo (ele disse) que o que já não cabe
                        [é o *Time Magazine*
No mundo dos Rolling Stones forever rockin' and rollin'
Por que forjar desprezo pelos vivos
E fomentar desejos reativos?
Apaches, punks, existencialistas, hippies, beatniks
                        [de todos os tempos
Uni-vos!
E eu disse: sim, mas sim, mas não, nem isso
Apenas alguns santos, se tantos, nos seus cantos
E sozinhos
Mas ele me falou: você tá triste
Porque a tua dama te abandona e você não resiste
Quando ela surge
Ela vem e instaura o seu cosmético caótico
Você começa a olhar com um olho gótico de cristão legítimo
Mas eu sou preto, meu nego
Eu sei que isso não nega e até ativa o velho ritmo mulato
E o leão ruge
O fato é que há istmo entre meu Deus e seus deuses
Eu sou do clã do Djavan
Você é fã do Donato e não nos interessa a tripe cristã
De Dilan Zimmerman
E ele ainda diria mais
Mas a canção tem que acabar e eu respondi:

O Deus que você sente é o Deus dos santos
A superfície iridescente da bola oca
Meus deuses são cabeças de bebês sem touca
Era um momento sem medo e sem desejo
Ele me deu um beijo na boca
E eu correspondi àquele beijo

EU SOU NEGUINHA?

pra Arto Lindsay

Eu tava encostado ali minha guitarra
No quadrado branco vídeo papelão
Eu era o enigma, uma interrogação
Olha que coisa mais, que coisa à-toa, boa boa boa boa
Eu tava com graça
Tava por acaso ali, não era nada
Bunda de mulata, muque de peão
Tava em Madureira, tava na Bahia
No Beaubourg, no Bronx, no Brás
E eu e eu e eu e eu e eu
A me perguntar:
Eu sou neguinha?

Era uma mensagem, lia uma mensagem
Parece bobagem mas não era não
Eu não decifrava, eu não conseguia
Mas aquilo ia e eu ia e eu ia e eu ia e eu ia e eu ia
Eu me perguntava
Era um gesto hippie
Um desenho estranho
Homens trabalhando, pare, contramão
E era uma alegria, era uma esperança
Era dança e dança ou não ou não ou não ou não ou não
Tava perguntando:
Eu sou neguinha?

Eu tava rezando ali completamente
Um crente, uma lente, era uma visão
Totalmente terceiro sexo

[269]

Totalmente terceiro mundo
Terceiro milênio
Carne nua nua nua nua nua
Era tão gozado
Era um trio elétrico, era fantasia
Escola de samba na televisão
Cruz no fim do túnel, beco sem saída
E eu era a saída, melodia, meio-dia dia dia
Era o que eu dizia:
Eu sou neguinha?

Mas via outras coisas: via o moço forte
E a mulher macia dentro da escuridão
Via o que é visível, via o que não via
O que a poesia e a profecia não vêem
Mas vêem vêem vêem vêem vêem
É o que parecia
Que as coisas conversam coisas surpreendentes
Fatalmente erram, acham solução
E que o mesmo signo que eu tento ler e ser
É apenas um possível ou impossível
Em mim em mim em mil em mil em mil
E a pergunta vinha:
Eu sou neguinha?
Eu sou neguinha?

[270]

RAI DAS CORES

Para a folha: verde
Para o céu: azul
Para a rosa: rosa
Para o mar: azul

Para a cinza: cinza
Para a areia: ouro
Para a terra: pardo
Para a terra: azul

(Quais são as cores que são suas cores de predileção?)

Para a chuva: prata
Para o sol: laranja
Para o carro: negro
Para a pluma: azul

Para a nuvem: branco
Para a duna: branco
Para a espuma: branco
Para o ar: azul

(Quais são as cores que são suas cores de predileção?)

Para o bicho: verde
Para o bicho: branco
Para o bicho: pardo
Para o homem: azul

Para o homem: negro
Para o homem: rosa
Para o homem: ouro
Para o anjo: azul

(Quais são as cores que são suas cores de predileção?)

Para a folha: rubro
Para a rosa: palha
Para o ocaso: verde
Para o mar: cinzento

Para o fogo: azul
Para o fumo: azul
Para a pedra: azul
Para tudo: azul

(Quais são as cores que são suas cores de predileção?)

[272]

DOIDECA

Lira Paulistana
Música doideca
Funk carioca
Londresselvas em flor
Jorjão Viradouro
Arnaldo Olodum Titã
Funk carioca
Arrigo Tom Zé Miguel
Lucas Valdemente
Chelpa Ferro Mangue bit beat
Carioca Lira Paulistana

Gay Chicago negro alemão
Bossa nova
Gay Chicago negro alemão
Timbalada
Gay Chicago negro alemão
Viradouro
Gay Chicago negro alemão
Axé music
Gay Chicago negro alemão

Lira Paulistana
Música doideca
Funk carioca
Londresselvas em flor

Banda feminina da Didá Didá de
Banda feminina da Didá

[273]

Banda tropicália de Tom Zé Tomzé de
Banda tropicália de Tomzé Tomzé de
Banda

Didá Didá Didá de
Banda

Banda

Chicago negro alemão bossa nova
Chicago negro alemão

ALEXANDRE

Ele nasceu no mês do leão, sua mãe uma bacante
E o rei, seu pai, um conquistador tão valente
Que o príncipe adolescente pensou que já nada restaria
Pra, se ele chegasse a rei, conquistar por si só.
Mas muito cedo ele se revelou um menino extraordinário:
O corpo de bronze, os olhos cor de chuva e os cabelos
[cor de sol.

Alexandre
De Olímpia e Filipe o menino nasceu, mas ele aprendeu
Que seu pai foi um raio que veio do céu

Ele escolheu seu cavalo por parecer indomável
E pôs-lhe o nome: Bucéfalo
Ao dominá-lo, para júbilo, espanto e escândalo
Do seu próprio pai, que contratou para seu preceptor
Um sábio de Estagira
Cuja cabeça ainda hoje sustenta o Ocidente:
O nome, Aristóteles — o nome Aristóteles se repetiria
Desde esses tempos até nossos tempos e além.
Ele ensinou o jovem Alexandre a sentir filosofia
Pra que, mais que forte e valente, chegasse ele
[a ser sábio também.

Alexandre
De Olímpia e Filipe o menino nasceu, mas ele aprendeu
Que seu pai foi um raio que veio do céu

Ainda criança ele surpreendeu importantes visitantes
Vindos como embaixadores do Império da Pérsia
Pois os recebeu, na ausência de Filipe, com gestos elegantes
De que o rei, seu próprio pai, não seria capaz.
Em breve estaria ao lado de Filipe no campo de batalha
E assinalaria seu nome na história entre os grandes generais.

Alexandre
De Olímpia e Filipe o menino nasceu, mas ele aprendeu
Que seu pai foi um raio que veio do céu

Com Hefestião, seu amado
Seu bem na paz e na guerra
Correu em honra de Pátroclo — os dois corpos nus —
Junto ao túmulo de Aquiles
O herói enamorado, o amor

Na grande batalha de Queronéia, Alexandre destruía
A Esquadra Sagrada de Tebas, chamada A Invencível.
Aos dezesseis anos, só dezesseis anos, assim já exibia
Toda a amplidão da luz do seu gênio militar.
Olímpia incitava o menino de sol a afirmar-se
Se Filipe deixava a família da mãe
De outro filho dos seus se insinuar.

Alexandre
De Olímpia e Filipe o menino nasceu, mas ele aprendeu
Que seu pai foi um raio que veio do céu

Feito rei aos vinte anos
Transformou a Macedônia,
Que era um reino periférico, dito bárbaro,
Em esteio do helenismo e dos gregos, seu futuro, seu sol.

O grande Alexandre, o Grande, Alexandre
Conquistou o Egito e a Pérsia
Fundou cidades, cortou o nó górdio, foi grande;
Se embriagou de poder, alto e fundo, fundando o nosso mundo,
Foi generoso e malvado, magnânimo e cruel;
Casou com uma persa, misturando raças, mudou-nos terra,
                                        [céu e mar,
Morreu muito moço, mas antes se impôs do Punjab
                                  [a Gibraltar.

Alexandre
De Olímpia e Filipe o menino nasceu, mas ele aprendeu
Que seu pai foi um raio que veio do céu

[277]

Eu quero ser cinema

CINEMA OLYMPIA

Não quero mais
Essas tardes mornais, normais
Não quero mais
Video-tapes, mormaço, março, abril

Eu quero pulgas mil na geral
Eu quero a geral
Eu quero ouvir gargalhada geral
Quero um lugar para mim, pra você
Na matinée do cinema Olympia

Tom Mix, Buck Jones
Tela e palco
Sorvetes e vedetes
Socos e coladas
Pernas e gatilhos
Atilhos e gargalhada geral
Do meio-dia até o amanhecer
Na matinée do cinema Olympia

NINE OUT OF TEN

Walk down Portobello road to the sound of reggae
I'm alive
The age of gold, yes the age of
The age of old
The age of gold
The age of music is past
I hear them talk as I walk yes I hear them talk
I hear they say
Expect the final blast
Walk down Portobello road to the sound of reggae
I'm alive

I'm alive and vivo muito vivo, vivo, vivo
Feel the sound of music banging in my belly
Know that one day I must die
I'm alive

I'm alive and vivo, muito vivo, vivo, vivo
In the Eletric Cinema or on the telly, telly, telly
Nine out of ten movie stars make me cry
I'm alive
And nine out of ten film stars make me cry
I'm alive

GIULIETTA MASINA   *pra Tuzé de Abreu*

Pálpebras de neblina
Pele d'alma
Lágrima negra tinta
Lua lua lua lua
Giulietta Masina

Ah, puta de uma outra esquina
Ah, minha vida sozinha
Ah, tela de luz puríssima

(Existirmos a que será que se destina?)

Ah, Giulietta Masina
Ah, vídeo de uma outra luz

Pálpebras de neblina
Pele d'alma
Giulietta Masina
Aquela cara é o coração de Jesus

[283]

CINEMA NOVO

O filme quis dizer: "Eu sou o samba"
"A voz do morro" rasgou a tela do cinema
E começaram a se configurar
Visões das coisas grandes e pequenas
Que nos formaram e estão a nos formar
Todas e muitas: "Deus e o diabo", "Vidas secas", "Os fuzis",
"Os cafajestes", "O padre e a moça", "A grande feira",
                                        ["O desafio"
Outras conversas, outras conversas sobre os jeitos do Brasil

A bossa-nova passou na prova
Nos salvou na dimensão da eternidade
Porém aqui embaixo "a vida", mera "metade de nada"
Nem morria nem enfrentava o problema
Pedia soluções e explicações
E foi por isso que as imagens do país desse cinema
Entraram nas palavras das canções

Primeiro, foram aquelas que explicavam
E a música parava pra pensar
Mas era tão bonito que parasse
Que a gente nem queria reclamar

Depois, foram as imagens que assombravam
E outras palavras já queriam se cantar
De ordem, de desordem, de loucura
De alma à meia-noite e de indústria
E a terra entrou em transe
No sertão de Ipanema

[284]

Em transe no mar de Monte Santo
E a luz do nosso canto, e as vozes do poema
Necessitaram transformar-se tanto
Que o samba quis dizer: "eu sou cinema"

Aí "O anjo nasceu"
Veio "O bandido", "Meteorango"
"Hitler, terceiro mundo"
"Sem essa aranha", "Fome de amor"
E o filme disse: "eu quero ser poema"
Ou mais: "quero ser filme e filme-filme"
"Acossado" no "limite" da "Garganta do diabo"
Voltar à Atlântida e ultrapassar "O eclipse"
Matar o ovo e ver a Vera Cruz

E o samba agora diz: eu sou a luz
Da "Lira do delírio", da alforria de "Xica"
De "Toda a nudez" de "Índia"
De "Flor" de Macabéia, de "Asa branca"
Meu nome é "Stelinha", é "Inocência"
Meu nome é Orson Antonio Vieira Conselheiro de "Pixote"
"Superoutro"
Quero ser velho, de novo eterno,
Quero ser novo de novo
Quero ser "Ganga bruta" e clara gema
Eu sou o samba, viva o cinema
Viva o cinema novo!

[285]

MICHELANGELO ANTONIONI

Visione del silenzio
Angolo vuoto
Pagina senza parole
Una lettera scritta sopra un viso
Di pietra e vapore
Amore
Inutile finestra

Mundos no mundo

OS ARGONAUTAS

O barco, meu coração não agüenta
Tanta tormenta, alegria
Meu coração não contenta
O dia, o marco, meu coração
O porto, não

Navegar é preciso
Viver não é preciso

O barco, noite no teu tão bonito
Sorriso solto, perdido
Horizonte, madrugada
O riso, o arco da madrugada
O porto, nada

Navegar é preciso
Viver não é preciso

O barco, o automóvel brilhante
O trilho solto, o barulho
Do meu dente em tua veia
O sangue, o charco, barulho lento
O porto, silêncio

Navegar é preciso
Viver não é preciso

LÍNGUA

a Violeta Gervaiseau

Gosto de sentir a minha língua roçar a língua
                              [de Luís de Camões
Gosto de ser e de estar
E quero me dedicar a criar confusões de prosódia
E uma profusão de paródias
Que encurtem dores
E furtem cores como camaleões
Gosto do Pessoa na pessoa
Da rosa no Rosa
E sei que a poesia está para a prosa
Assim como o amor está para a amizade
E quem há de negar que esta lhe é superior?
E deixa os Portugais morrerem à míngua
"Minha pátria é minha língua"
Fala Mangueira! Fala!

Flor do Lácio Sambódromo Lusamérica latim em pó
O que quer
O que pode esta língua?

Vamos atentar para a sintaxe dos paulistas
E o falso inglês relax dos surfistas
Sejamos imperialistas! Cadê? Sejamos imperialistas!
Vamos na velô da dicção *choo-choo* de Carmen Miranda
E que o Chico Buarque de Holanda nos resgate
E — xeque-mate! — explique-nos Luanda
Ouçamos com atenção os deles e os delas da TV Globo
Sejamos o lobo do lobo do homem
Lobo do lobo do lobo do homem

[290]

Adoro nomes
Nomes em ã
De coisas como rã e ímã
Ímã ímã ímã ímã ímã ímã ímã ímã
Nomes de nomes
Como Scarlet Moon de Chevalier, Glauco Mattoso
                              [e Arrigo Barnabé
e Maria da Fé

Flor do Lácio Sambódromo Lusamérica latim em pó
O que quer
O que pode esta língua?

Se você tem uma idéia incrível é melhor fazer uma canção
Está provado que só é possível filosofar em alemão
Blitz quer dizer corisco
Hollywood quer dizer Azevedo
E o Recôncavo, e o Recôncavo, e o Recôncavo meu medo
A língua é minha pátria
E eu não tenho pátria, tenho mátria
E quero frátria
Poesia concreta, prosa caótica
Ótica futura
Samba-rap, chic-left com banana
    (— *Será que ele está no Pão de Açúcar?*
    — *Tá craude brô*
    — *Você e tu*
    — *Lhe amo*
    — *Qué queu te faço, nego?*

— *Bote ligero!*

— *Ma' de brinquinho, Ricardo!? Teu tio vai ficar*
                                        [*desesperado!*

— *Ó Tavinho, põe esta camisola pra dentro, assim mais*
                                        [*pareces um espantalho!*

— *I like to spend some time in Mozambique*

— *Arigatô, arigatô!*)

Nós canto-falamos como quem inveja negros
Que sofrem horrores no Gueto do Harlem
Livros, discos, vídeos à mancheia
E deixe que digam, que pensem, que falem

A HORA DA ESTRELA DE CINEMA

Embora minha pele cáqui
Sem rosa ou verde, sem destaque
E minha condição mofina, jururu, panema
Embora, embora
Há uma certeza em mim, uma indecência:
Que toda fêmea é bela
Toda mulher tem sua hora
Tem sua hora da estrela
Sua hora da estrela de cinema

Capibaribe, Beberibe, Subaé, Francisco
Tudo é um risco só, e o mar é o mar
E eu quase, quase não existo e sei
Eu não sou cega
O mundo me navega e eu não sei navegar

Existe um homem que há nos homens
Um diamante em minhas fomes
Rosa claríssima na minha prosa sem poema
E fora, e fora de mim
De dentro afora uma ciência:
Que toda fêmea é bela
Toda mulher tem sua hora
Tem sua hora da estrela
Sua hora da estrela de cinema

JOSÉ

Estou no fundo do poço
Meu grito
Lixa o céu seco
O tempo espicha mas ouço
O eco
Qual será o Egito que responde
E se esconde no futuro?
O poço é escuro
Mas o Egito resplandece
No meu umbigo
E o sinal que vejo é esse
De um fado certo
Enquanto espero
Só comigo e mal comigo
No umbigo do deserto

OUTRO RETRATO

Minha música vem da
Música da poesia de um poeta João que
Não gosta de música

Minha poesia vem
Da poesia da música de um João músico que
Não gosta de poesia

O dado de Cabral
A descoberta de Donato

O fato, o sinal
O sal, o ato, o salto:

Meu outro retrato

A TERCEIRA MARGEM DO RIO

Oco de pau que diz:
Eu sou madeira, beira
Boa, dá vau, triztriz
Risca certeira
Meio a meio o rio ri
Silencioso, sério
Nosso pai não diz, diz:
Risca terceira

Água da palavra
Água calada, pura
Água da palavra
Água de rosa dura
Proa da palavra
Duro silêncio, nosso pai

Margem da palavra
Entre as escuras duas
Margens da palavra
Clareira, luz madura
Rosa da palavra
Puro silêncio, nosso pai

Meio a meio o rio ri
Por entre as árvores da vida
O rio riu, ri
Por sob a risca da canoa
O rio riu, ri
O que ninguém jamais olvida

[296]

Ouvi, ouvi, ouvi
A voz das águas

Asa da palavra
Asa parada agora
Casa da palavra
Onde o silêncio mora
Brasa da palavra
A hora clara, nosso pai

Hora da palavra
Quando não se diz nada
Fora da palavra
Quando o mais dentro aflora
Tora da palavra
Rio, pau enorme, nosso pai

A LUZ DE TIETA

Todo dia é o mesmo dia
A vida é tão tacanha
Nada novo sob o sol
Tem que se esconder no escuro
Quem na luz se banha
Por debaixo do lençol
Nessa terra a dor é grande
E a ambição pequena
Carnaval e futebol
Quem não finge
Quem não mente
Quem mais goza e pena
É que serve de farol

Existe alguém em nós
Em muitos dentre nós
Esse alguém
Que brilha mais do que
Milhões de sóis
E que a escuridão
Conhece também
Existe alguém aqui
Fundo no fundo de você
De mim
Que grita para quem quiser ouvir
Quando canta assim:

Eta eta eta eta
É a lua, é o sol, é a luz de Tieta
Eta, eta!

[298]

Toda noite é a mesma noite
A vida é tão estreita
Nada de novo ao luar
Todo mundo quer saber
Com quem você se deita
Nada pode prosperar
É domingo, é fevereiro
É sete de setembro
Futebol e carnaval
Nada muda, é tão escuro
Até onde eu me lembro
Uma dor que é sempre igual

LIVROS

Tropeçavas nos astros desastrada
Quase não tínhamos livros em casa
E a cidade não tinha livraria
Mas os livros que em nossa vida entraram
São como a radiação de um corpo negro
Apontando pra expansão do Universo
Porque a frase, o conceito, o enredo, o verso
(E, sem dúvida, sobretudo o verso)
É o que pode lançar mundos no mundo

Tropeçavas nos astros desastrada
Sem saber que a ventura e a desventura
Dessa estrada que vai do nada ao nada
São livros e o luar contra a cultura

Os livros são objetos transcendentes
Mas podemos amá-los do amor táctil
Que votamos aos maços de cigarro
Domá-los, cultivá-los em aquários
Em estantes, gaiolas, em fogueiras
Ou lançá-los pra fora das janelas
(Talvez isso nos livre de lançarmo-nos)
Ou — o que é muito pior — por odiarmo-los
Podemos simplesmente escrever um:
Encher de vãs palavras muitas páginas
E de mais confusão as prateleiras

Tropeçavas nos astros desastrada
Mas pra mim foste a estrela entre as estrelas

O bater do tambor

ATRÁS DO TRIO ELÉTRICO

Atrás do trio elétrico
Só não vai quem já morreu
Quem já botou pra rachar aprendeu
Que é do outro lado, do lado de lá
Do lado que é lá do lado de lá

O sol é seu, o som é meu
Quero morrer, quero morrer já
O som é seu, o sol é meu
Quero viver, quero viver lá
Nem quero saber
Se o diabo nasceu foi na Bahi-
Foi na Bahia
O trio eletro-sol rompeu no meio-di-
No meio-dia

UM FREVO NOVO

A praça Castro Alves é do povo
Como o céu é do avião
Um frevo novo, um frevo
Um frevo novo
Todo mundo na praça
Manda a gente sem graça pro salão

Mete o cotovelo
E vai abrindo o caminho
Pegue no meu cabelo
Pra não se perder
E terminar sozinho
O tempo passa
Mas na raça eu chego lá
É aqui nessa praça
Que tudo vai ter que pintar

CHUVA, SUOR E CERVEJA (RAIN, SWEAT AND BEER)

Não se perca de mim
Não se esqueça de mim
Não desapareça
A chuva tá caindo
E quando a chuva começa
Eu acabo de perder a cabeça

Não saia do meu lado
Segure o meu pierrot molhado
E vamos embolar ladeira abaixo
Acho que a chuva ajuda a gente a se ver
Venha, veja, deixa, beija, seja
O que Deus quiser

A gente se embala, se embola, s'imbora
Só pára na porta da igreja
A gente se olha, se beija, se molha
De chuva, suor e cerveja

[305]

CARA A CARA

Nas suas andanças
Danças, danças, danças, danças, danças
Na multidão
Veja se de vez em quando encontra
Contra, contra, contra
Os pedaços do meu coração

Tira essa máscara
Cara a cara, cara a cara, cara a cara
Quero ver você
No trio elétrico rico
Rico, rico, rico, rico, rico desendoidecer
De alegria, ria, ria, ria, ria
Que a luz se irradia dia, dia, dia, dia
Dia de sol na Bahia

MUITOS CARNAVAIS

Eu sou você
Você me dá
Muita confusão e paz
Eu sou o sol
Você, o mar
Somos muitos carnavais
Nossos clarins
Sempre a soar
Na noite, no dia
Bahia

Vamos viver
Vamos ver
Vamos ter
Vamos ser
Vamos desentender
Do que não carnavalizar
A vida, coração

O BATER DO TAMBOR

Toda a eletricidade
Trio-elétrico e o seu gerador
Toda energia que magnetiza a cidade
Pára pra deixar ouvir o bater do tambor
Mão de preto no couro
E o Brasil grita em coro
Ê mori mori ô babá
Ê mori mori ô

MIRAGEM DE CARNAVAL

Você sorriu pra mim
Depois sumiu na multidão
Será que foi miragem de carnaval
Ou o amor me mandou seu sinal?
Manhã e eu nem dormi
Cabeça cheia de canções
"Eu sou negão", "Aurora"
"Frevo mulher", "Mal-me-quer"
"Faraó"... me perdi
Misturo meus carnavais
E não distingo mais
Fatos de ilusões
São melodias demais
É preciso ter mais
De mil corações
Porém pra lá de abril
E já bem longe do verão
Você virá do coração do Brasil
E trará o meu sonho na mão

OS PASSISTAS

Vem
Eu vou pousar a mão no teu quadril
Multiplicar-te os pés por muitos mil
Fita o céu
Roda:
A dor define nossa vida toda
Mas estes passos lançam moda
E dirão ao mundo por onde ir
Às vezes tu te voltas para mim
Na dança, sem te dares conta enfim
Que também amas
Mas, ah!
Somos apenas dois mulatos
Fazendo poses nos retratos
Que a luz da vida imprimiu de nós
Se desbotássemos
Outros revelar-nos-íamos no carnaval
Roubemo-nos ao deus Tempo
E nos demos de graça à beleza total
Vem
Nós
Cartão-postal com touros em Madri
O Corcovado e o Redentor daqui
Salvador, Roma
Amor, onde quer que estejamos juntos
Multiplicar-se-ão assuntos de mãos e pés
E desvãos do ser

Qualquer coisa

A TUA PRESENÇA MORENA

A tua presença
Entra pelos sete buracos da minha cabeça
A tua presença
Pelos olhos, boca, narinas e orelhas
A tua presença
Paralisa meu momento em que tudo começa
A tua presença
Desintegra e atualiza a minha presença
A tua presença
Envolve meu tronco, meus braços e minhas pernas
A tua presença
É branca, verde, vermelha, azul e amarela
A tua presença
É negra, negra, negra, negra, negra, negra, negra, negra,
negra
A tua presença
Transborda pelas portas e pelas janelas
A tua presença
Silencia os automóveis e as motocicletas
A tua presença
Se espalha no campo derrubando as cercas
A tua presença
É tudo o que se come, tudo o que se reza
A tua presença
Coagula o jorro da noite sangrenta
A tua presença
É a coisa mais bonita em toda a natureza
A tua presença
Mantém sempre teso o arco da promessa
A tua presença

[313]

Morena, morena, morena, morena, morena, morena
Morena

NEGROR DOS TEMPOS

Quando eu vejo você
Com seus olhos de vaca
Sua vaca
Com seus grandes olhos de vaca
Sua grande vaca
Com seus olhos de vaca triste
Menina triste do meu amor

Quando eu vejo você
Com sua gargalhada descarada
Seu cabelo de muito vento
De mau tempo, de mau tempo
Menina triste do meu amor

Sinto todo o amor
Sinto todo o terror
Do negror destes tempos

QUALQUER COISA

Esse papo já tá qualquer coisa
Você já tá pra lá de Marrakesh
Mexe qualquer coisa dentro, doida
Já qualquer coisa doida, dentro, mexe

Não se avexe não, baião de dois
Deixe de manha, deixe de manha
Pois, sem essa aranha, sem essa aranha, sem essa aranha
Nem a sanha arranha o carro
Nem o sarro arranha a Espanha
Meça tamanha, meça tamanha
Esse papo seu já tá de manhã

Berro pelo aterro, pelo desterro
Berro por seu berro, pelo seu erro
Quero que você ganhe, que você me apanhe
Sou o seu bezerro gritando mamãe
Esse papo meu tá qualquer coisa e você tá pra lá de Teerã

OS MAIS DOCES DOS BÁRBAROS

Com amor no coração
Preparamos a invasão
Cheios de felicidade
Entramos na cidade amada

Peixe espada, peixe luz
Doce bárbaro Jesus
Sabe bem quem né otário
Peixe no aquário nada

Alto astral, altas transas, lindas canções
Afoxés, astronaves, aves, cordões
Avançando através dos grossos portões
Nossos planos são muito bons

Com a espada de Ogum
E a bênção de Olorum
Como um raio de Iansã
Rasgamos a manhã vermelha

Tudo ainda é tal e qual
E no entanto nada é igual
Nós cantamos de verdade
E é sempre outra a cidade velha

TIGRESA

Uma tigresa de unhas negras e íris cor de mel
Uma mulher, uma beleza que me aconteceu
Esfregando a pele de ouro marrom do seu corpo contra o meu
Me falou que o mal é bom e o bem cruel

Enquanto os pêlos dessa deusa tremem ao vento ateu
Ela me conta sem certeza tudo o que viveu
Que gostava de política em mil noventos e sessenta e seis
E hoje dança no frenetic Dancin' Days
Ela me conta que era atriz e trabalhou no Hair
Com alguns homens foi feliz, com outros foi mulher
Que tem muito ódio no coração, que tem dado muito amor
E espalhado muito prazer e muita dor

Mas ela ao mesmo tempo diz que tudo vai mudar
Porque ela vai ser o que quis inventando um lugar
Onde a gente e a natureza feliz
Vivam sempre em comunhão
E a tigresa possa mais do que o leão

As garras da felina me marcaram o coração
Mas as besteiras de menina que ela disse, não
E eu corri pro violão, num lamento, e a manhã nasceu azul
Como é bom poder tocar um instrumento

TAPETE MÁGICO

Os olhos de Carmen Miranda moviam-se, discos voadores
[fantásticos
No palco Maria Bethânia desenha-se todas as chamas
[do pássaro
A dança de Chaplin, o show dos Rolling Stones
A roça do Opô Afonjá
Mas nada é mais lindo que o sonho dos homens
De fazer um tapete voar

Sobre um tapete mágico eu vou cantando
Sempre um chão sob os pés mas longe do chão
Maravilha sem medo eu vou aonde e quando
Me conduz meu desejo e minha paixão
Sobrevôo a Baía de Guanabara
Roço as mangueiras de Belém do Pará
Paro sobre a Paulista de madrugada
Volto pra casa quando quero voltar
Vejo o todo da festa dos navegantes
Pairo sobre a cidade do Salvador
Quero de novo estar onde estava antes
Passo pela janela do meu amor
Costa Brava, Saara, todo o planeta
Luzes, cometas, mil estrelas no céu
Pontos de luz vibrando na noite preta
Tudo quanto é bonito, o tapete e eu

A bordo do tapete você também pode viajar, amor
Basta cantar comigo e vir como eu vou

[319]

TREM DAS CORES

A franja da encosta cor de laranja
Capim rosa-chá
O mel desses olhos luz, mel de cor ímpar
O ouro ainda não bem verde da serra
A prata do trem
A lua e a estrela
Anel de turquesa
Os átomos todos dançam, madruga
Reluz neblina
Crianças cor de romã entram no vagão
O oliva da nuvem chumbo ficando pra trás da manhã
E a seda azul do papel que envolve a maçã
As casas tão verde e rosa que vão passando ao nos ver passar
Os dois lados da janela
E aquela num tom de azul quase inexistente, azul que não há
Azul que é pura memória de algum lugar
Teu cabelo preto, explícito objeto
Castanhos lábios
Ou, pra ser exato, lábios cor de açaí
E aqui, trem das cores, sábios projetos:
Tocar na Central
E o céu de um azul celeste celestial

BOAS-VINDAS

Sua mãe e eu
Seu irmão e eu
E a mãe do seu irmão
Minha mãe e eu
Meus irmãos e eu
E os pais da sua mãe
E a irmã da sua mãe
Lhe damos as boas-vindas
Boas-vindas, boas-vindas
Venha conhecer a vida
Eu digo que ela é gostosa
Tem o sol e tem a lua
Tem o medo e tem a rosa
Eu digo que ela é gostosa
Tem a noite e tem o dia
A poesia e tem a prosa
Eu digo que ela é gostosa
Tem a morte e tem o amor
E tem o mote e tem a glosa
Eu digo que ela é gostosa
Eu digo que ela é gostosa
Sua mãe e eu
Seu irmão e eu
E o irmão da sua mãe

UM TOM

Um tom pra cantar
Um tom pra falar
Um tom pra viver
Um tom para a cor
Um tom para o som
Um tom para o ser

Ah como é bom dormir
Ah como é bom despertar
O céu é mais aqui
Um tom é um bom lugar

Tanta coisa que cabe
Tanta pode caber
Canta e pode fazer cantar
Nova felicidade
Novo tudo de bom
Deixa-se cantar um tom

Um tom pra gritar
Um tom pra calar
Um tom pra dizer
Um tom para a voz
Um tom para mim
Um tom pra você
Um Tom para todos nós

ZERA A REZA

Vela leva a seta tesa
Rema na maré
Rima mira a terça certa
E zera a reza

Zera a reza, meu amor
Canta o pagode do nosso viver
Que a gente pode entre dor e prazer
Pagar pra ver o que pode
E o que não pode ser
A pureza desse amor
Espalha espelhos pelo carnaval
E cada cara e corpo é desigual
Sabe o que é bom e o que é mau
Chão é céu
E é seu e meu
E eu sou quem não morre nunca

Vela leva a seta tesa
Rema na maré
Rima mira a terça certa
E zera a reza

Bibliografia

CALADO, Carlos. *Tropicália: a história de uma revolução musical.*
São Paulo: Editora 34, 1997.

CAMPOS, Haroldo de. *Balanço da bossa e outras bossas.* São Paulo:
Perspectiva, 1974.

CHEDIAK. Almir. *Songbook — Caetano Veloso.* 2 v. 5ª ed. Rio de Janeiro:
Lumiar, 1994.

DUNN, Chistopher. *Brutality garden: Tropicália and the emergence of
a brazilian counterculture.* University of North Carolina Press, 2001.

FAVARETTO, Celso F. *Tropicália: alegoria, alegria.* São Paulo: Kairós, 1979.

FONSECA, Heber. *Caetano, esse cara.* Rio de Janeiro: Revan, 1993.

FRANCHETTI, Paulo e PÉCORA, Alcyr. *Caetano Veloso — Literatura
comentada.* São Paulo: Nova Cultural, 1990.

LUCCHESI, Ivo e DIEGUEZ, Gilda Korff. *Caetano. Por que não?: uma viagem
entre a aurora e a sombra.* Rio de Janeiro: Leviatã, 1993.

MACIEL, Luiz Carlos. *Geração em transe: memórias do tempo do tropicalismo.*
Rio de Janeiro: Nova Fronteira, 1996.

NAVES, Santuza Cambraia. *Da Bossa Nova à Tropicália.* Rio de Janeiro:
Jorge Zahar, 2001.

TATIT, Luiz. *O cancionista; Composição de canções no Brasil.* 2ª ed. São Paulo:
Editora da Universidade de São Paulo, 2002.

VELOSO, Caetano. *Verdade tropical.* São Paulo: Companhia das Letras, 1997.

www.caetanoveloso.com.br

Siglas dos discos e CDs referidos no índice alfabético

[por ordem cronológica]

1. DE CAETANO VELOSO

DO	Domingo [1967]
CV	Caetano Veloso [1967]*
TR	Tropicália [1968]
CV2	Caetano Veloso [1969]
CV3	Caetano Veloso [1971]
BA	Barra 69 / Caetano e Gilberto Gil [1972]
TN	Transa [1972]
CC	Caetano e Chico juntos e ao vivo [1972]
AA	Araçá Azul [1972]**
TV	Temporada de verão [1974]
QC	Qualquer coisa [1975]
JO	Jóia [1975]
DB	Doces bárbaros [1976]
BI	Bicho [1977]
MC	Muitos carnavais [1977]
MU	Muito [1978]
MB	Maria Bethânia e Caetano Veloso ao vivo [1978]
CT	Cinema transcendental [1979]
OP	Outras palavras [1981]
CN	Cores nomes [1982]
UN	Uns [1983]
VE	Velô [1984]
CA	Caetano [1987]
ES	Estrangeiro [1989]
CI	Circuladô [1991]
CI2	Circuladô vivo [1992]
TR2	Tropicália 2 [1993]
TI	Tieta do agreste [1996]
LI	Livro [1997]
NN	Noites do norte [2000]

*As discografias trazem, quase sempre, a data 1968. Caetano Veloso, no entanto, confirma que o disco estava inteiramente pronto em 1967.

** Embora as discografias apresentem 1973 como data do disco, tanto Caetano como a gravadora Universal ratificam que a *label copy* do LP estava completa já em novembro de 1972. Portanto, 1973 é apenas o ano de comercialização de *Araçá azul*.

[326]

2. COLETÂNEAS

AR   A arte de Caetano Veloso [1972]
AM   A arte maior de Caetano Veloso [1982]

3. DIVERSOS

CAC   Carnaval chegou! [1972]
COG   Convocação geral / Carnaval 75 [1974]
TEM   Tenda dos milagres / Trilha sonora da minissérie da TV Globo [1985]

4. DE OUTROS INTÉRPRETES

MAB   Maria Bethânia [Maria Bethânia, 1965]
GAC   Gal Costa [Gal Costa, 1969]
GAL   Gal [Gal Costa, 1969]
TUA   A tua presença… [Maria Bethânia, 1971]
ROS   Rosa dos Ventos [Maria Bethânia, 1971]
ROB   Roberto Carlos [Roberto Carlos, 1971]
DRA   Drama [Maria Bethânia, 1972]
CAN   Cantar [Gal Costa, 1974]
TAM   Tamba Tajá [Fafá de Belém, 1976]
CAB   Caras e bocas [Gal Costa, 1977]
ROB2   Roberto Carlos [Roberto Carlos, 1977]
MEI   Meia noite [Maria Creuza, 1977]
AGV   Água viva [Gal Costa, 1978]
ALI   Álibi [Maria Bethânia, 1978]
MAR   Marcelo [Marcelo, 1978]
ROB3   Roberto Carlos [Roberto Carlos, 1978]
ZEM   Zezé Mota [Zezé Mota, 1978]
GAT   Gal tropical [Gal Costa, 1979]
MEL   Mel [Maria Bethânia, 1979]
PRA   Pra enlouquecer [Baby Consuelo, 1979]
TAL   Talismã [Maria Bethânia, 1980]
OLH   Olhos felizes [Marina Lima, 1980]
FAN   Fantasia [Gal Costa, 1981]

ALT   Alteza [Maria Bethânia, 1981]

ESC   Escândalo [Ângela Ro Ro, 1981]

MIN   Minha voz [Gal Costa, 1982]

MAG   Magia tropical [A cor do som, 1982]

BEI   A beira e o mar [Maria Bethânia, 1984]

PRO   Profana [Gal Costa, 1984]

LUS   A luz do solo [Geraldo Azevedo, 1985]

MRI   Maria [Maria Bethânia, 1988]

MEP   Memória da pele [Maria Bethânia, 1989]

TXA   Txai [Milton Nascimento, 1990]

SGA   O sorriso do gato de Alice [Gal Costa, 1993]

BRA   Brasil de Oliveira da Silva do Samba [Alcione, 1994]

AFA   Aquele frevo axé [Gal Costa, 1998]

DOC   Do cóccix até o pescoço [Elza Soares, 2002]

Índice alfabético das canções

A sigla entre colchetes indica o LP ou o CD da primeira gravação; não estão consignados aqui os registros em compactos de vinil, também chamados *singles*. Consideramos que para uma orientação cronológica isto é suficiente, já que o espaço de tempo decorrido entre a gravação do *single* e a do LP era quase sempre pequeno. Quando essa diferença se mostrar significativa ela será indicada.

A grande borboleta [BI], 222

A hora da estrela de cinema [BEI], 293

A luz de Tieta [TI], 298

A outra banda da terra [UN], 178

A rã [CAN], 217

A terceira margem do rio [TXA], 296

A tua presença morena [TUA], 313

A voz do morto [LUS]*, 71

Aboio [TR2], 210

Acrilírico [CV2], 29

Adeus, meu Santo Amaro [ROS], 30

Alegria, alegria [CV], 56

Alexandre [LI], 275

Alguém cantando [BI], 77

Americanos [CI2], 208

Araçá blue [AA], 96

Asa [JO], 220

Atrás do trio elétrico [CV2], 303

Avarandado [DO], 122

Baby [TR], 63

Bahia, minha preta [SGA], 47

Beleza pura [CT], 43

Boas-vindas [CI], 321

Branquinha [ES], 155

Cá já [TAM], 223

Cajuína [CT], 239

Cantiga de boi [NN], 212

Canto do povo de um lugar [JO], 218

*A primeira gravação data de 1968, na voz de Aracy de Almeida (*Aracy de Almeida, 45-rpm:* 1. "O samba da vida", Miguel Gustavo; 2. "A voz do morto", Caetano Veloso). A canção foi gravada por Caetano no mesmo ano (ao vivo; Philips 441.429), em compacto duplo, no qual é acompanhado por Os Mutantes (Lado A: "A voz do morto", "Baby"; Lado B: "Saudosismo", "Marcianita").

[329]

Cara a cara [COG], 306

Chuva, suor e cerveja (Rain, sweat and beer) [MC], 305

Cinema novo [TR2], 284

Cinema Olympia [GAL], 281

Clara [CV], 126

Comeu [VE], 151

Como dois e dois [ROB], 130

Coração vagabundo [DO], 93

Da maior importância [QC], 131

De manhã [MAB], 121

De palavra em palavra [AA], 260

Desde que o samba é samba [TR2], 85

Diamante verdadeiro [ALI], 99

Divino maravilhoso [GAG], 66

Doideca [LI], 273

Dom de iludir [MEI], 134

Domingo [DO], 123

Dor-de-cotovelo [DOC], 167

Drama [DRA], 75

É proibido proibir [AR]**, 65

Eclipse oculto [UN], 146

Ela e eu [MEL], 135

Ele me deu um beijo na boca [CN], 266

Enquanto seu lobo não vem [TR], 64

Épico [AA], 261

Errática [SGA], 86

Escândalo [ESC], 138

Esse cara [DRA], 128

Este amor [ES], 157

Etc. [ES], 154

**O registro em LP data de 1975 (*A arte de Caetano Veloso*, coletânea). Esta canção, no entanto, apareceu pela primeira vez em 1968, em compacto simples de Caetano Veloso com Os Mutantes (Philips 365.257).

[330]

Eu e água [MRI], 231
Eu sou neguinha? [CA], 269
Eu te amo [DB], 133

Flor do cerrado [CAN], 197
Fora da ordem [CI], 186
Força estranha [ROB3], 79

Gema [TAL], 249
Gênesis [DB], 245
Gente [BI], 108
Giulietta Masina [CA], 283
Gravidade [JO], 219

Haiti [TR2], 189

Itapuã [CI], 45

Janelas abertas nº 2 [TUA], 94
Jeito de corpo [OP], 176
Jenipapo absoluto [ES], 36
Jóia [JO], 171
José [CA], 294
Julia/Moreno [AA], 259

Lindeza [CI], 159
Língua [VE], 290
Livros [LI], 300
London, London [CV3], 195
Love, love, love [MU], 174
Lua de São Jorge [CT], 225
Lua lua lua lua [CAN], 76
Luz do sol [AM], 229

[331]

Mãe [AGV], 32
Manhatã [LI], 211
Maria Bethânia [CV3], 105
Menino Deus [MAG], 251
Menino do Rio [PRA], 110
Meu bem, meu mal [CN], 139
Meu Rio [NN], 213
Michelangelo Antonioni [NN], 286
Milagres do povo [TEM], 252
Minha voz, minha vida [MIN], 83
Miragem de carnaval [TI], 309
Muito [MU], 100
Muito romântico [ROB2], 78
Muitos carnavais [MC], 307

Não enche [LI], 162
Não identificado [CV2], 68
Negror dos tempos [DRA], 315
Neide Candolina [CI], 115
Nicinha [QC], 31
Nine out of ten [TN], 282
No dia em que eu vim-me embora [CV], 28
Noite de hotel [CA], 84
Nosso estranho amor [OLH], 137
Nu com a minha música [OP], 81

O bater do tambor [GAT], 308
O ciúme [CA], 242
O conteúdo [TV], 97
O cu do mundo [CI], 188
O estrangeiro [ES], 205
O homem velho [VE], 241

[332]

O Leãozinho [BI], 107
O nome da cidade [BEI], 203
O quereres [VE], 149
Onde eu nasci passa um rio [DO], 27
Onde o rio é mais baiano [BRA], 49
Oração ao tempo [CT], 247
Os argonautas [CV2], 289
Os mais doces dos bárbaros [DB], 317
Os meninos dançam [CT], 111
Os outros românticos [ES], 185
Os passistas [LI], 310
Outras palavras [OP], 264
Outro retrato [ES], 295

Paisagem útil [CV], 60
Pecado original [ZEM]***, 238
Pele [TAL], 240
Pelos olhos [JO], 221
Peter Gast [UN], 101
Pipoca moderna [JO], 262
Podres poderes [VE], 180
Pra ninguém [LI], 88
Purificar o Subaé [ALT], 228

Qualquer coisa [QC], 316
Queda-d'água [MEL], 227
Queixa [CN], 140
Quem me dera [DO], 41

Rai das cores [ES], 271
Rapte-me, camaleoa [CT], 136
Reconvexo [MEP], 102
Rock'n'Raul [NN], 117

***O primeiro registro se deu num compacto simples de 1978 (Philips 6069.193), no qual Caetano canta, no lado A, "Amante amado", de Jorge Ben (da trilha sonora do filme *Na boca do mundo*, de Antônio Pitanga — 1978); no lado B, "Pecado original" (da trilha sonora do filme *Dama do lotação*, de Neville d'Almeida — 1975). A canção apareceu em CD apenas em 1993, num *max single* (CD com cinco faixas), que levou o título de uma das canções, *Marcianita*.

Samba da cabeça****, 263

Sampa [MU], 198

Santa Clara, padroeira
da televisão [CI], 254

Saudosismo [GAC], 73

Sete mil vezes [CN], 142

Shy moon [VE], 230

Sou seu sabiá [NN], 90

Superbacana [CV], 58

Tá combinado [MRI], 153

Tapete mágico [FAN], 319

Tempestades solares [NN], 166

Tempo de estio [MAR], 200

Terra [MU], 235

Tigresa [CAB], 318

Trem das cores [CN], 320

13 de maio [NN], 37

Trilhos urbanos [CT], 34

Tropicália [CV], 53

Tudo de novo [MB], 33

Two Naira Fifty Kobo [BI], 106

Um dia [DO], 124

Um frevo novo [CAC], 304

Um índio [BI], 172

Um tom [LI], 322

Uns [UN], 113

Vaca profana [PRO], 201

Vamo comer [CA], 182

Vento [TI], 232

Vera gata [OP], 112

**** Data de 1978, gravada num compacto simples (Philips 6069.210), junto com "O bater do tambor" (lado A). Somente em 2002 a faixa reapareceu num CD intitulado *Singles* (Japão), compilação de Jin Nakahara.

[334]

Você é linda [UN], 143
Você é minha [LI], 160
Você não entende nada [CC], 129
Você não gosta de mim [AFA], 164

You don't know me [TN], 95

Zera a reza [NN], 323

Créditos das canções

Todas as canções (letra e música) são de autoria de Caetano Veloso, com exceção dos casos em que parceiros compuseram música para as letras, conforme indicado abaixo.

OBRAS EDITADAS PELA UNS [ADMINISTRADAS POR NATASHA]

A luz de Tieta; A terceira margem do rio (Caetano Veloso/Milton Nascimento); Aboio; Alexandre; Americanos; Bahia, minha preta; Boas-vindas; Cantiga de boi; Cinema novo (Caetano Veloso/ Gilberto Gil); Desde que o samba é samba; Doideca; Dor-de-cotovelo; Errática; Fora de ordem; Haiti (Caetano Veloso/Gilberto Gil); Itapuã; Lindeza; Livros; Manhatã; Meu Rio; Michelangelo Antonioni; Miragem de carnaval; Não enche; Neide Candolina; O cu do mundo; Onde o rio é mais baiano; Os passistas; Rock'n'Raul; Santa Clara, padroeira da televisão; Sou seu sabiá; Tempestades solares; 13 de maio; Um tom; Vento; Você é minha; Você não gosta de mim; Zera a reza.

OBRAS EDITADAS PELA GAPA [ADMINISTRADAS POR WARNER/CHAPPELL]

A grande borboleta; A hora da estrela de cinema; A outra banda da terra; Acrilírico; Araçá blue; Asa; Atrás do trio elétrico; Beleza pura; Branquinha; Cá já; Cajuína; Canto do povo de um lugar; Cara a cara; Chuva, suor e cerveja (Rain, sweat and beer); Cinema Olympia; Comeu; Como dois e dois; De palavra em palavra; Diamante verdadeiro; Divino maravilhoso (Caetano Veloso/Gilberto Gil); Dom de iludir; Drama; É proibido proibir; Eclipse oculto; Ela e eu; Ele me deu um beijo na boca; Épico; Escândalo; Esse cara; Este amor; Etc.; Eu e água; Eu sou neguinha?; Eu te amo; Flor do cerrado; Força estranha; Gema; Gênesis; Gente; Giulietta Masina; Gravidade; Janelas abertas nº 2; Jeito de corpo; Jenipapo absoluto; José; Julia/Moreno; Língua; London, London; Love, love, love; Lua de São Jorge; Luz do sol; Mãe; Maria Bethânia; Menino Deus; Menino do Rio; Meu bem, meu mal; Milagres do povo; Minha voz, minha vida; Muito; Muito romântico; Muitos carnavais; Não identificado; Negror dos tempos; Nicinha; Nine out of ten; Noite de hotel; Nosso estranho amor; Nu com a minha música; O bater do tambor; O ciúme; O conteúdo; O estrangeiro; O homem velho; O Leãozinho; O nome da cidade; O quereres; Oração ao tempo; Os argonautas; Os mais doces dos bárbaros; Os meninos dançam; Os outros românticos; Outras palavras; Outro retrato; Pecado original; Pele; Peter Gast; Pipoca moderna (Caetano Veloso/Sebastião Biano); Podres poderes; Purificar o Subaé; Qualquer coisa; Queda d'água; Queixa; Rai das cores; Rapte-me, camaleoa; Reconvexo; Samba da cabeça; Sampa; Saudosismo; Sete mil vezes; Shy moon; Tá combinado; Tapete mágico; Tempo de estio; Terra; Tigresa; Trilhos urbanos; Tudo de novo; Two Naira Fifty Kobo; Um frevo novo; Um índio; Uns; Vaca profana; Vamo comer (Caetano Veloso / Tony Costa); Vera Gata; Você é linda; You don't know me.

OBRAS EDITADAS PELO GRUPO ARLEQUIM
A voz do morto; Alegria, alegria; Avarandado; Clara; Coração vagabundo; No dia em que eu vim-me embora (Caetano Veloso / Gilberto Gil); Onde eu nasci passa um rio; Pra ninguém; Superbacana; Um dia.

OBRA EDITADA PELA BMG
De manhã

OBRAS EDITADAS PELA WARNER/CHAPPELL
A rã (Caetano Veloso / João Donato); Adeus, meu Santo Amaro; Alguém cantando; A tua presença morena; Baby; Da maior importância; Domingo; Enquanto seu lobo não vem; Jóia; Lua lua lua lua; Paisagem útil; Pelos olhos; Quem me dera; Trem das cores; Tropicália; Você não entende nada.

Sobre o autor

Caetano Veloso nasceu em 1942, em Santo Amaro da Purificação, pequena cidade do Recôncavo Baiano. Em 1965, estreou em disco como compositor com a canção "É de manhã", gravada pela irmã, Maria Bethânia. Dividiu seu LP de estréia, *Domingo* (1967), com Gal Costa. Foi presença marcante nos grandes festivais de música dos anos 60, nos quais apresentou canções que se tornariam célebres, como "Alegria, alegria". Em 1968, gravou seu primeiro LP individual, *Caetano Veloso*, e participou do LP-manifesto do movimento tropicalista *Tropicália ou Panis et circensis*. Em abril de 1977, publicou *Alegria, alegria*, compilação de textos organizada pelo poeta Waly Salomão. Dirigiu, em 1985, o longa-metragem *O cinema falado*. Em 1997, publicou o livro *Verdade Tropical* (Companhia das Letras), no qual dá uma visão pessoal dos acontecimentos culturais do Brasil nas décadas de 60 e 70. Reconhecido mundialmente, é dos maiores nomes da história da nossa música, e ocupa posição de destaque como produtor e crítico fundamental da cultura brasileira.

[339]

Sobre o organizador

Eucanaã Ferraz nasceu no Rio de Janeiro, em 1961.
É poeta, autor de, entre outros, *Martelo* (Rio de Janeiro: 7
Letras, 1997) e *Desassombro* (Rio de Janeiro: 7 Letras, 2002;
Prêmio Alphonsus de Guimaraens, da Biblioteca Nacional,
melhor livro de poesia de 2002).

É professor de literatura brasileira na Universidade Federal
do Rio de Janeiro, onde obteve título de mestre com a dissertação "Drummond: um poeta na cidade" (1994), e se doutorou com a tese "Máquina de comover: a poesia de João Cabral
de Melo Neto e suas relações com a arquitetura" (2000).
Tem ensaios e poemas publicados em revistas de literatura
e arte, sites e jornais do Brasil e do exterior.

Na *web*: http://www.eucanaaferraz.com.br

Copyright © 2003 by Caetano Veloso
Copyright da organização e da introdução © 2003 by Eucanaã Ferraz

Capa e projeto gráfico
RAUL LOUREIRO

Foto da capa
MARIO CRAVO NETO

Revisão
BEATRIZ DE FREITAS MOREIRA
RENATO POTENZA RODRIGUES

Dados Internacionais de Catalogação na Publicação (CIP)
(Câmara Brasileira do Livro, SP, Brasil)

Veloso, Caetano, 1942-
    Letra só ; Sobre as letras / Caetano Veloso ; organização Eucanaã
Ferraz. — São Paulo : Companhia das Letras, 2003.

    Obra em 2 v.
    ISBN 85-359-0429-8

    1. Música popular – Brasil – Letras 2. Poesia brasileira 3. Veloso,
Caetano, 1942- I. Ferraz, Eucanaã II. Título: III. Título: Sobre as letras.

03-5529   CDD-781.630981

Índices para catálogo sistemático:
1. Letras : Música popular brasileira 781.630981
2. Música popular brasileira : Letras : 781.630981

[2003]
Todos os direitos desta edição reservados à
EDITORA SCHWARCZ LTDA.
Rua Bandeira Paulista 702 cj. 32
04532-002 – São Paulo – SP
Telefone (11) 3707-3500
Fax (11) 3707-3501
www.companhiadasletras.com.br

Esta obra foi composta pelo Estúdio O.L.M. em
Walbaum e impressa pela Geográfica em papel pólen
soft para a Editora Schwarcz em novembro de 2003

livros

tropeçavas nos astros desastrada
quase não tínhamos livros em casa
mas os que nossa vida atravessavam
(são) eram (como a) radiações de corpo negro
  a   apontar
apontando ~~pra~~ a expansão do Universo
porque sente[?], a idéia, o enredo, o verso
(e, sem dúvida, sobretudo o verso)
        lançar
~~e afirma~~ é o que pode ~~destruir~~ mundos no mundo
~~e nos salva e nos perde em chinas e gregos~~
e desdobrar em almas nossas almas
e nos salvar /e perder em chinas e gregos
(e, muito mais que nelas, em nós mesmos)
~~os~~ livros são objetos transcendentes
nós podemos amá-los do amor táctil
com que amamos os maços de cigarro
e ormá-los em estantes, aquários,
estufas, gaiolas, em fogueiras
ou lançá-los pra fora das janelas
antes
~~antes~~ que ~~sejamos nós a~~ lançarmos-nos
mas podemos pior: por ódio amá-los
~~escrevemos~~ mais um podemos escrever um que é mais um
encher de vãs palavras muitas páginas
e de mais confusas as prateleiras
tropeçavas nos astros desastrada
      pra mim
mas ~~pra~~ pôste a estrela entre as estrelas.

tropeçavas nos astros desastrada
sem saber que a ventura e a desventura
depois estrada que vai do nada ao nada
são os livros, luar, contraventura

[Sobre as letras] **CAETANO VELOSO**

SOBRE AS LETRAS

Caetano Veloso

Organização e notas
Eucanaã Ferraz

Companhia Das Letras

Agradecimentos

Dedé Gadelha
Mario Cravo Neto
Paula Lavigne
João José Reis
e Mariângela de
Mattos Nogueira

As minhas letras são todas autobiográficas. Até as que não são, são.

C.V.

Sumário

NOTA INTRODUTÓRIA [Eucanaã Ferraz], 14

Sobre as letras, 16

A rã, 17

A voz do morto, 17

Aboio, 18

Acrilírico, 18

Adeus meu Santo Amaro, 22

Alguém cantando, 22

Americanos, 22

Araçá blue, 23

Avarandado, 25

Baby, 26

Bahia, minha preta, 26

Beleza pura, 27

Branquinha, 30

Clara, 31

Coração vagabundo, 31

Da maior importância, 31

De manhã, 32

Desde que o samba é samba, 32

Diamante verdadeiro, 34

Divino maravilhoso, 35

Doideca, 36

Dom de iludir, 36

Domingo, 36

Drama, 36

É proibido proibir, 37

Eclipse oculto, 37

Ela e eu, 37

Enquanto seu lobo não vem, 38

Errática, 38

Escândalo, 39

Esse cara, 39

Este amor, 40

Eu te amo, 40

Gente, 41

Haiti, 42

Itapuã, 43

Janelas abertas nº 2, 43

Jenipapo absoluto, 43

Jóia, 44

Livros, 45

Love, love, love, 45

Lua lua lua lua, 45

Mãe, 46

Manhatã, 46

Maria Bethânia, 47

Menino do Rio, 47

Meu bem, meu mal, 48

Michelangelo Antonioni, 48

Minha voz, minha vida, 49

Muito romântico, 50

Não identificado, 50

Neide Candolina, 50

Nicinha, 52

Nine out of ten, 52

Noite de hotel, 53
Nu com a minha música, 53
O conteúdo, 53
O cu do mundo, 54
O estrangeiro, 55
O Leãozinho, 56
O nome da cidade, 56
O quereres, 56
Onde eu nasci passa um rio, 57
Onde o Rio é mais baiano, 57
Os meninos dançam, 60
Peter Gast, 60
Pra ninguém, 62
Queixa, 62
Quem me dera, 62
Rapte-me, camaleoa, 62
Reconvexo, 62
Rock'n'Raul, 63
Saudosismo, 63
Sete mil vezes, 63
Tá combinado, 64

Tempestades solares, 64
13 de maio, 64
Trilhos urbanos, 64
Tudo de novo, 70
Two Naira Fifty Kobo, 70
Um dia, 71
Um índio, 71
Uns, 74
Vaca profana, 74
Vera gata, 74
Você é linda, 74
Você é minha, 75
You don't know me, 75
Zera a reza, 75

Identificação e créditos
    das imagens, 77

Sobre o autor, 78

Sobre o organizador, 79

NOTA INTRODUTÓRIA

Este volume parecerá desnecessário se se julgar que as letras reunidas em *Letra só* dispensam os comentários de seu criador. Há que considerá-los, no entanto, uma permanência no largo âmbito da *fala* (cf. "Cinema falado, poema cantado", introdução a *Letra só*), que aqui dá a ver alguns mecanismos essenciais de uma poética que impõe certas dificuldades ao trazer para o jogo com o leitor (e o ouvinte) o resvalo de contornos e conceitos, o estranhamento, a diferença e a crítica. Note-se que a ruptura com as hierarquias estéticas e ideológicas — sublinhando-se em ambas a dimensão política da *fala* — mostrar-se-á aqui como resultante de forças muito íntimas: graduação de níveis de intensidade afetivo-corporais, nuanças que vão do fortíssimo investimento político ao pianíssimo desamparo sentimental, quer em progressão mais ou menos lenta, quer em oposição brusca. Nesse sentido, não será difícil compreender, por exemplo, o quanto o Tropicalismo nasceu como um programa que, antes de tudo, obedecia a uma tendência absolutamente pessoal. Daí, a polêmica dinamização estética, política e ética, que chegou a ser movimento no ano de 1968, nunca se ter esgotado, antes permanecendo teimosa e insistentemente na produção de

Caetano. Ou seja, o que se converteu em programa coletivo de vanguarda derivava sobretudo de injunções pessoais ou, no mínimo, coincidia com um ânimo pessoal. Tal dinâmica permanece, pois é parte da mecânica de uma psicologia profunda, que, sem cessar — para a alegria e a insônia do artista —, deseja responder à história, à cultura e ao tempo de modo total. Ela surge aqui em comentários inéditos, que nasceram, em sua grande maioria, da fala — de uma conversa — e que migraram para a escrita num processo em que apenas subtraí repetições, hesitações e outros marcadores discursivos próprios da oralidade, bem como os comentários que se desviavam da direção inicial do pensamento ou que comprometiam o andamento do texto escrito. Também elaborei algumas notas, avaliando a necessidade de oferecer aqui e ali pormenorizações e informações complementares. Este volume parecerá desnecessário se se julgar que as letras reunidas em *Letra só* dispensam os comentários de seu criador. Há que considerá-los, no entanto, uma permanência no largo âmbito do prazer.

E. F.

[15]

Sobre as letras

A RÃ

Donato já tinha essa música havia anos.
João Gilberto já a havia gravado, acho
que no disco que fez no México. Eu ia
produzir um disco e dirigir um show
com Gal, ambos com o nome *Cantar*.
Chamei Donato para escrever arranjos
para o disco e para tocar e dirigir a
banda no show. Ele topou. Escrevi essa
letra para a música de "The frog",
que no disco de João tinha saído com
o nome de "O sapo". Donato a regravou
como "A rã" e foi a partir desse título
que eu pus letra na composição.
De brincadeira eu a chamava de "Águas
de junho" (era junho), por causa das
"Águas de março" de Tom Jobim.

A VOZ DO MORTO

Assim como "Baby" me foi sugerida
por Bethânia, "A voz do morto"
me foi ditada pela Aracy de Almeida.
Ela estava em São Paulo para fazer a
Bienal do Samba, que era um festival
só de sambas, e estava muito irritada
com a ideologia em torno daquilo.
Ela veio falar comigo: "Pô, me tratar
como glória nacional pensando que
vão me salvar? Puta que pariu, salvar
o caralho! Estão pensando que vão
salvar o samba na televisão? Salvar o
caralho! Quero que você faça um samba,

porque você é que é o verdadeiro Noel, porque você é violento, você é novo!". Era assim que ela falava pra mim: "Eu já estou por aqui, de saco cheio" — e ela pegava como se tivesse saco mesmo —; "Eu estou de saco cheio desse negócio de Noel Rosa, ter que arrastar esse morto pelo resto da vida. Quando eu canto é a voz desse morto! E ninguém me engana com essa porra não, de festival do samba. Faça uma música da pesada para eu gravar, esculhambando com essa porra toda!". Ela me ditou o samba! Fiz essa música, ela adorou e gravou.

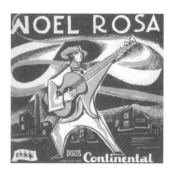

ABOIO

Não sei por que sempre volta na minha cabeça essa oposição do boi à cidade. Amo a palavra CIDADE. Amo cidades. Me sinto um ser urbano. Santo Amaro era bem urbana. O boi nessas letras não é principalmente rural: é ritual. Existe um texto muito bonito sobre esse assunto escrito por Guilherme Wisnik, Vadim Nitkin e José Miguel Wisnik.

ACRILÍRICO

É um caso raro de texto que escrevi sem ser para letra de música. Também não sabia se era prosa ou poesia. O meu interesse era pelas palavras inventadas, pela mistura que se podia fazer com elas, conforme eu tinha visto na revista dos poetas concretos, sobretudo na *Invenção*,[1] que Augusto de Campos me deu de presente. Eu achei aquilo tudo muito próximo do que me interessava, e escrevi "Acrilírico". O acrílico era um material muito novo, tinha justo aparecido, e como o texto tem várias reminiscências, a palavra *acrilírico* dava uma espécie de nó no tempo. Os versos finais têm uma história curiosa. Eu tinha acabado de sair da prisão e estava confinado na Bahia quando gravei a canção.[2] Durante a gravação, o Rogério Duarte[3] insistiu comigo para que eu mudasse o verso final: "Acrílico Santo Amargo da Putrificação". Ele fez uma campanha danada para eu não colocar "putrificação", dando àquilo um caráter meio religioso mas também com argumentos muito bem pensados, que acabaram me impressionando, e que não eram diretamente religiosos. Ele dizia assim: "É o nome da santa padroeira da sua cidade, isso é uma carga muito pesada, as pessoas da sua família, seu pai, sua mãe, vão ouvir, e você está passando um período tão difícil na sua vida...". Eu nunca me preocupava muito com as pessoas da minha família porque eles não se melindravam com nada, mas a

1. Com o fim da revista *Noigandres*, o grupo concretista passou a se reunir em torno de outro título, *Invenção*, cujos números 1 e 2 foram editados em 1962. Chegou até ao número 5, em 1967. Caetano fala da relação entre o Tropicalismo e o Concretismo em seu livro *Verdade tropical* (São Paulo: Companhia das Letras, 1997), no capítulo "A poesia concreta".

2. Em dezembro de 1968 o Congresso Nacional foi fechado e, em 13 de dezembro, editou-se o Ato Institucional nº 5, com o qual a ditadura militar, instalada no país desde o golpe de 1964, passou a cercear as liberdades civis e a cassar mandatos e direitos políticos. Caetano e Gilberto Gil foram presos em São Paulo e, em seguida, levados para o quartel do Exército, em Marechal Deodoro, no Rio de Janeiro. Ambos foram soltos em fevereiro e seguiram para Salvador, proibidos de aparecer

argumentação de Rogério era forte,
no geral, e sugeria um quadro capaz
de desencadear forças negativas.
Bem, era 1969.
Algum tempo depois, Augusto de
Campos me pediu permissão para se
referir ao verso, porque ele se lembrava
do uso da palavra "putrificação"
na versão original e isso o remeteu ao
dear dirty Dublin, de Joyce. Eu contei
toda a história ao Augusto e disse que
não me opunha absolutamente a ele
citar a imagem original e lhe expliquei
que só a retirara durante a gravação
por causa das preocupações de Rogério
Duarte. O mais engraçado porém
é que, nessa ocasião, quando falei sobre
o caso com o Rogério, ele me disse:
"Ah, mas você sabe quem foi que me
vendeu aquele grilo? Foi o André
Midani". O Midani era o presidente
da Polygram, a gravadora!
Eu acho que, do ponto de vista do texto,
é importante a manutenção de "Acrílico
Santo Amargo da Putrificação",
que é muito mais forte e mais bonito.
Também seria um pouco demagógico
evitar a imagem, porque eu adoro
Santo Amaro e, hoje em dia, embora
não seja religioso nem queira ser,
sou devoto de Nossa Senhora da
Purificação. E "putrificação" dizia
e diz muita coisa sobre a cidade,
que vem apresentando muitos sinais

em público e de
prestar quaisquer
declarações. Em
Verdade tropical
Caetano fala desse
breve período que
antecedeu a partida
para o exílio em
Londres e explica que
o chefe da Polícia
Federal dera a esse
regime de "prisão"
o nome de
"confinamento"
(op. cit., p. 408).

3. Rogério Duarte
(Ubaíra, Bahia, 1939)
é artista gráfico,
compositor, tradutor e
professor. No início dos
anos 60, mudou-se para
o Rio, onde cursou arte
industrial. Ajudou a dar
forma ao Tropicalismo.
Além de parcerias com
Caetano e Gil, fez capas
para os seus discos,
bem como para Gal
Costa, João Gilberto,
Jorge Ben, e criou
o célebre cartaz de
*Deus e o diabo na terra
do sol*, filme
de Glauber Rocha.

de degeneração urbana e social,
sobretudo de deterioração do ambiente,
por causa da poluição química,
violentíssima nessas décadas de intensa
industrialização.[4]
Penso que há muita verdade no termo
"putrificação", que, para além da
referência a Santo Amaro,
é radicalmente contra uma imagem
idílica das cidades do interior do Brasil,
sobretudo das do Nordeste. E acho
que Nossa Senhora da Purificação me
faz mais forte por eu ter coragem de
manter essa visão crítica, inconformada
e algo revoltada, que reconhece as
nossas mazelas. A vida brasileira é
muito problemática e é ruim querer
esconder isso.[5]
Quanto à primeira parte da imagem,
"amaro" é "amargo" em italiano.
Existe esse nome, Amargo, como nome
de homem na Espanha, pelo menos
em algumas peças e poemas de Lorca,
assim como há para mulheres nomes
como Martírios e Dolores. Em *A casa
de Bernarda Alba*, de Lorca, uma das
moças se chama Angústias. Então,
eu julgava que Amaro fosse um nome
italiano de homem que significava
mesmo "amargo", como para os
espanhóis. Mas terminei por descobrir
que, na verdade, Santo Amaro é
São Mauro e que teria havido uma
corruptela do nome. As biografias

4. Ao longo de duas décadas, a Companhia Brasileira de Chumbo (fechada em 1994) acumulou em Santo Amaro da Purificação, segundo estudos, mais de 500 mil toneladas de escória de chumbo, espalhadas em seus calçamentos e quintais. Há pelo menos dez anos dona Canô, mãe de Caetano, tornou-se uma forte "ativista" em favor da despoluição de sua cidade.

5. Para ver quanto tal opinião tem marcado a obra de Caetano, ver as letras reunidas na seção "Projeto Brasil", de *Letra só*.

dos santos registram Santo Amaro ou
São Mauro. E Mauro quer dizer mouro.
O interessante é que lá em Santo
Amaro se cultiva cana-de-açúcar desde
sempre.[6] É por isso que em outra
canção, "Trilhos urbanos", falo: "Cana
doce, santo amaro". Ao lado do doce,
outra vez, o amargo.

6. Segundo historiadores, em fins do século XIX havia em Santo Amaro cerca de 130 engenhos de açúcar, que, mais tarde, deram lugar às usinas.

ADEUS MEU SANTO AMARO

A primeira parte é um refrão popular.
Eu fiz apenas a segunda parte.

ALGUÉM CANTANDO

Fiz pensando em Nicinha, minha
irmã, para ela cantar. E ela gravou
cantando comigo.

AMERICANOS

Nunca chegou a ser uma canção. Não
é um "rap". Nem mesmo na medida
em que "Haiti" e "Língua" são raps.
Trata-se apenas de uma série de
anotações que tomei para talvez fazer
uma música. Nunca a decorei sequer:
eu lia as palavras numa folha de papel
no show *Circuladô*. Mas acho que,
relendo hoje, ela apresenta muita
esperteza nas observações da história
sendo vivida.

ARAÇÁ BLUE

Essa música nasceu da lembrança
de um sonho que tive por volta dos
23 ou 24 anos, quando morava no
Solar da Fossa.[7] Nunca contei isso
para o público, esta é a primeira vez.
Quando menino, e até depois,
eu adorava subir no araçazeiro (a gente
na Bahia chama goiaba de araçá) para
tirar a fruta de vez, que é antes de ela
ficar madura e ainda meio verde, dura
ainda, parecendo que vai explodir.
É a fruta de que mais gosto. No entanto,
depois de tirada, três minutos depois,
para mim já não presta mais; e quando
está madura, não gosto nem no pé,
e mais, nesse caso, é a fruta que
mais detesto. Eu adorava ficar a tarde
inteira entre os galhos, cantando
e procurando os araçás que já estavam
no ponto. Se via um e sabia que
estava ainda muito verde, esperava
pelo dia seguinte, pois sabia que ele
ficaria melhor, e esperava.
Então, um dia sonhei que estava
assim, no topo de um araçazeiro alto,
lá em casa mesmo, procurando
os araçás perfeitos, quando, de repente,
vi, entre todos os outros, um araçá azul,
lindo. Aquilo era como um milagre,
mas era real ali. E eu já ia colher esse
araçá único, deslumbrante, quando
vi que Bethânia — que até então não

7. Solar da Fossa era o apelido do Solar Santa Teresinha, um velho casarão na confluência dos bairros Copacabana, Botafogo e Urca, transformado em hotel. Cf. *Verdade tropical* (op. cit., pp. 102-3).

estava — vinha subindo pelos galhos para perto de mim. Então olhei para ela e disse: "Bethânia, tem um araçá aqui que é azul, ele nasceu azul!". Ela disse assim: "Ah...", sem nem olhar, desmerecendo, e acrescentou: "Isso deve ser coisa dos japoneses que estão fazendo experiências". De fato, havia japoneses no recôncavo da Bahia quando a gente era menino; eles trabalhavam na lavoura, e eu ouvia dizer que faziam experiências, produziam tomates enormes, coisas assim, e, tanto tempo depois, Bethânia me disse aquilo no sonho. Eu respondi: "Não! Venha ver, isso é lindo, você tem que vir olhar!". E ela: "Ah...", desmerecendo outra vez. "Venha! Suba pra olhar", insisti, até que ela subiu um pouco mais. Eu disse: "Vou tirar pra mim". Mas, aí, Bethânia ficou séria e sentenciou: "Se você tirar, eu me mato". Eu repliquei: "Que loucura, que idéia louca!". E fui tirar o araçá, achando que ela estava falando por brincadeira. Mas quando pus a mão no araçá, ela se jogou! Fiquei desesperado, olhando. Só que ela se jogou e caiu segurando as pernas num galho abaixo. Tinha feito uma pirueta! E ficou lá, se balançando, rindo da minha cara, contente por ter me enganado. Então eu disse: "Ah!", e arranquei o araçá azul. Mas, quando fiz isso, ela se jogou

mesmo. Eu acordei desesperado! Fiquei assustado, mas, ao mesmo tempo, lembrava de como era lindo o araçá e contei ao Rogério, que também morava no Solar da Fossa. Eu nunca tinha feito psicanálise, mas Rogério sim, e ele fez uma interpretação do sonho: "Puxa, você não está vendo que está com medo de colher o que é seu? A Bethânia se tornou uma estrela e você, que veio ficar com ela e é um compositor, fica aqui, assim... É como se você estivesse não propriamente com inveja dela, mas soubesse que também pode colher uma coisa boa, deslumbrante, e não o faz porque tem medo, como se, com isso, fosse matá-la. Entendeu?". Foi essa a interpretação dele. E foi até bastante interessante como primeira interpretação de um não-profissional. O Rogério é um gênio. Foi logo assim, de bate-pronto, no dia em que eu sonhei.

Anos mais tarde, depois que voltei de Londres, já tinha passado o Tropicalismo, fiz a música.

AVARANDADO

É um pouco posterior a "Coração vagabundo", que compus quando na Bahia. "Avarandado" eu fiz quando estava em São Paulo, com Bethânia, no tempo do *Opinião*.[8]

8. Em 1965, Caetano abandonou o curso universitário e foi para o Rio de Janeiro acompanhando sua irmã, Maria Bethânia, convidada a substituir a cantora Nara Leão (1942-89) no espetáculo *Opinião*. Nesse mesmo ano, Caetano seguiu para São Paulo, quando participou, ao lado de Gil, Gal, Bethânia e Tom Zé, do musical *Arena canta Bahia*, dirigido por Augusto Boal, no palco do TBC.

[25]

Tinha saudades de Dedé,
fiz pensando nela.
Foi a primeira música minha
gravada pelo João.[9]

9. Disco *João Gilberto*, de 1973.

BABY

Foi a primeira música a usar a
expressão *baby*. Além disso,
trazia uma frase em inglês, um tipo
de coisa que começou a ser feita mais
adiante. Houve momentos em que
me arrependi desses artifícios, mas
noutras ocasiões me senti orgulhoso
de, naquela fase, ter sido meio pioneiro.
Depois, quando chegamos ao ápice
disso tudo, a ponto de um grupo
como o Sepultura[10] compor e cantar
em inglês, achei maravilhoso,
acabou-se qualquer problema.

10. A banda de *trash metal* Sepultura formou-se em 1984, em Belo Horizonte, Minas Gerais.

BAHIA, MINHA PRETA

Fiz para Gal cantar. Não ficou muito
conhecida, mas é uma canção muito
bonita. Faz uma defesa direta da música
de Carnaval da Bahia, da mais comercial,
sobretudo mesmo da mais comercial, que
ficou conhecida como *axé music*. Por isso
há nela, também, uma briga com o meu
querido Waly Salomão, que tinha falado
numa entrevista contra a *axé music*,
esculhambando com aquela "música
vulgar" da Bahia. Ele dizia também que

o termo usado para lhe dar nome era um desrespeito com a palavra "axé", que significava, em iorubá, entre outras coisas, "segredo". E eu, na letra, digo o contrário, e exorto a Bahia a expandir seu axé e "não esconder nada", indo, portanto, contra o argumento de Waly. Depois que li a letra no livro, fiquei muito orgulhoso de como é bonita. Eu sabia que era, mas nunca tinha parado para pensar nisso, por causa da música. Lendo este final — "E a voz mediterrânica e florestal/ lança muito além a civilização ora em tom boreal/ rainha do Atlântico Austral" — ele me pareceu Euclides da Cunha! Parece com *Os sertões*! Eu adoro.

BELEZA PURA

Tem uma referência direta à canção do Elomar, que eu adoro, que fala "viola, alforria, amor, dinheiro não".[11] "Beleza pura" é uma saudação ao início da "tomada" da cidade de Salvador pelos pretos. Ela sempre foi uma cidade com muitos pretos mas, até os anos 70, eles ficavam mais ou menos "nos seus lugares": puxadores de rede, de xaréu, tocadores de candomblé, pescadores, vendedores de acarajé, todos muito nobres, bonitos, mas cada um no seu lugar tradicional. E, nos anos 70, em grande parte por influência do

11. Elomar (Vitória da Conquista, Bahia, 1937) é cantor e compositor. Sua obra busca aliar o clássico e o sertanejo. A canção "Violero" (de *Das barrancas do Rio Gavião*, 1973) diz em seu refrão: "Apois pro cantadô i violero/ só hai treis coisa nesse mundo vão/ amô, furria, viola, nunca dinhêro/ viola, furria, amô, dinhêro não".

[27]

movimento negro norte-americano e sul-africano, mas também por desenvolvimento do mundo e do Brasil, os pretos tomaram conta da cidade da Bahia de outra maneira, e "Beleza pura" é uma saudação ao início desse acontecimento. Eu sempre estive ligado às origens dessas coisas, por isso jamais poderia sentir a antipatia que os pretensiosos do centro tinham com relação à *axé music*. Sem falar em "Atrás do trio elétrico", de anos antes.[12]

BRANQUINHA

Fiz para Paulinha. É muito delicada e um pouco provençal. Tem algo dos poemas provençais que o Augusto de Campos traduziu, Arnaut Daniel, não sei bem: "nado contra a maré".[13] Gosto muito da sonoridade: "Este macaco complexo, este sexo equívoco, este mico-leão". E Pororoquinha era como o pessoal do Gantois[14] chamava a Paulinha. A filha de mãe Cleusa, Mônica, chamava Paulinha assim: "Vem cá Pororoquinha!". Dizia que ela era uma Oxum da pororoca, "Você não é Oxum de um riachinho, de uma fonte, você é Oxum de uma pororoca". A canção também fala em "mão no leme", porque Paulinha é do Leme.[15] Eu adoro chamá-la de "meu irmão nesse mundo vão" e "meu igual neste mundo mau".

12. A canção apareceu pela primeira vez num compacto simples de 1968.

13. As traduções que Augusto de Campos fez dos poetas provençais foram reunidas no livro *Verso reverso controverso* (São Paulo: Perspectiva, 1978). Ali, o poema "Canção", de Arnaut Daniel, teve os seus dois versos finais assim traduzidos: "Caço lebre com boi e nado/ contra a maré em luta eterna" (p. 61).

14. Gantois, o mais famoso terreiro de candomblé do Brasil, foi criado em 1849. Sua mais célebre mãe-de-santo foi Mãe Menininha (Salvador, Bahia, 1894-1986), cujo nome se popularizou em todo o país com a canção "Oração de Mãe Menininha" (1972), de Dorival Caymmi. Com sua morte, o lugar que ocupava desde 1922 foi legado à sua filha, Cleusa Millet, que morreu em 15 de outubro de 1998, aos 67 anos. A nova ialorixá que comanda a casa é a irmã de Mãe Cleuza, Carmen de Oliveira Silva.

15. Bairro da Zona Sul do Rio de Janeiro.

CLARA

Tem uma música estranha e usa muitas palavras em *a*. Lembro que Augusto de Campos gostava muito dessa canção. Eu não gosto de "marinheiro amor", que me soa um pouco como Lorca, embora não pareça exatamente, mas me lembro que quando fiz tinha a ver com as coisas dele.

CORAÇÃO VAGABUNDO

É a minha canção de que mais gosto, acho. É a que mais resiste, porque é muito antiga, de quando eu conheci Gil, ou de antes ainda, de 63, 64. É lindo a Gal cantando em *Domingo*. Há quem cante errado, dizendo "meu coração de criança *é só* a lembrança", mas a letra diz exatamente o contrário: "meu coração de criança *não é só* a lembrança de um vulto feliz de mulher".
Assim como "Onde eu nasci passa um rio", essa canção tem muito da poesia de Drummond, daqueles poemas que a gente sabia de cor. Mas é muito ingênua, muito abaixo de Drummond, não é como outras canções, mais bonitas.

DA MAIOR IMPORTÂNCIA

Não apenas fiz para a Gal gravar, mas também conto um pouco uma cena entre nós na praia.

DE MANHÃ

Minha primeira música que ficou
conhecida no Brasil. Fez sucesso
com Bethânia. A letra é muito simples,
tirada de um samba de roda:
"é de manhã, é de madrugada".

DESDE QUE O SAMBA É SAMBA

Fiz para Gil e eu gravarmos no
Tropicália 2. É uma celebração, um
samba sobre o samba. Gosto muito
da idéia de que "o samba ainda não
chegou, o samba ainda vai nascer",
porque é uma coisa que está no
João Gilberto e que é completamente
oposta à posição dos protecionistas
que defendem uma espécie de reserva
indígena do samba. Nessa canção,
o samba é um projeto de Brasil,
e eu gosto disso.
Recebi um grande presente na vida,
que foi o João Gilberto chegar a gravar
esse samba. Isso parecia impossível
porque o João sempre esteve vacinado
contra esse tipo de samba, que tem
muitos cacoetes, que tem pinta de
clássico, *instant classic*, cuja intenção
vê-se logo. O João nem gosta muito
de Noel Rosa, embora tenha gravado
divinamente o "Palpite infeliz", uma
canção de que ele gosta muito, que é
do Noel sozinho. Mas, na época da Bossa

[32]

Nova, nem falava em Noel, o que era uma atitude violenta. E isso eu sempre entendi confrontando as músicas de Wilson Batista, Herivelto Martins, Geraldo Pereira e Assis Valente com as dele, que são intencionais, cuja idéia inteligente e o propósito de fazer uma coisa interessante percebe-se nelas imediatamente. Além disso, ele ficou na moda como compositor célebre, autor de letras geniais, no final dos anos 40, nos anos 50, quando o João já estava pronto, sem que o Noel tivesse feito parte da formação dele. O João se aproximou de "Desde que o samba é samba" por um caminho enviesado. Disse-me que nunca tinha escutado a música, mas, na verdade, talvez tivesse sim, fisicamente. O que ele queria realmente dizer é que não tinha ouvido nada de especial naquele samba; mas a Paulinha, minha mulher, disse a ele que o samba era bonito, e que ele devia gravá-lo; ele deve ter pensado que a Paulinha talvez tivesse razão e quem sabe a canção tivesse mesmo algo interessante. Deve ter procurando alguma coisa no samba e, depois, me apareceu com aquilo! Disseram que eu produzi o disco em que ele gravou a música, mas, na verdade, não produzi nada, eu apenas ia com ele para o estúdio. E o certo é que ninguém produz o João: na hora em que ele chega,

canta o que quer; depois muda;
não canta as coisas que a gente pede,
embora diga que sim, que vai cantar;
depois... E ele é um doce no estúdio,
é engraçado, é complicado, fica agoniado
porque já gravou e tem medo de
como tudo vai ser mixado, como se
não quisesse, de fato, que as gravações
tivessem um fim. É uma coisa muito
complexa. No entanto, ele gravou
o "Desde que o samba é samba".
Isso para mim foi um presente
inestimável. Ele fez uma coisa linda
e o samba só então ficou sendo
realmente o que as pessoas diziam —
e que parecia uma idéia cafona:
um clássico.

DIAMANTE VERDADEIRO

Tem uma piada, é óbvio, com *Falso
brilhante*,[16] que era o nome do show
da Elis. Eu adorei aquele show, até
escrevi um artigo.[17] Mas a letra
é contra um mundo anti-hippie,
de brilho, cocaína, espelhos, estilo
Hippopotamus,[18] que surgiu no meio
dos anos 70, um mundo que eu
detestava. E fiz a canção para
a Bethânia cantar, porque ela cantava
muito bem "doutor em anedotas
e de champanhota",[19] e eu queria
fazer um negócio nessa linha.

16. O show estreou
em dezembro de 1975,
no Teatro Bandeirantes,
São Paulo, onde ficou
por catorze meses.
O disco, com parte
do repertório do show
gravado em estúdio,
saiu em 1976.

17. O artigo se chama
"Foi o que tinha de ser"
e foi publicado na
revista *Música do
planeta Terra*, nº 4
(Rio de Janeiro: 1976,
p. 11). Ali, Caetano
afirma: "Era preciso
que o astral deste país
estivesse muito baixo
para que a vocação
tão verdadeira (e já
tantas vezes constatada)
de Elis continuasse
por muito tempo
permitindo equívocos:
o brilhante não é falso".
O artigo foi reproduzido
posteriormente em
Alegria alegria
(Rio de Janeiro:
Pedra Q Ronca, 1977),
livro em que Waly
Salomão reuniu
vários textos dispersos
de Caetano.

18. Famosa discoteca
carioca da segunda
metade dos anos 70.

19. Verso da canção
"Café soçaite",
do carioca Miguel
Gustavo (1922-72),
grande sucesso na

[34]

DIVINO MARAVILHOSO

É muito política, do período das passeatas, da preparação para a luta clandestina. Foi feita com muita consciência. Muitos não entenderam, achavam que os tropicalistas eram alienados porque não fazíamos o papel do esquerdista convencional. Mas acho que as pessoas da esquerda convencional estavam certas, porque eu realmente não me identificava com elas, embora me identificasse com alguma coisa da esquerda. Eu me sentia à esquerda, sim, mas tinha muitos problemas com todo o pessoal de esquerda. Tinha e tenho, ainda hoje. Naquela época, tais dificuldades pareciam maiores porque eles não aceitavam o que eu estava apresentando como contribuição para a luta de esquerda. Mas, hoje, acho que eram coisas realmente diferentes, e que, numa certa medida, eles tinham mesmo razão, porque, embora em "Divino maravilhoso" e outras canções eu estivesse relativamente apoiando as insinuações de luta clandestina, cuja coragem, heroísmo e idealismo eu louvo, naquela época — e hoje tenho ainda mais certeza disso — não tinha simpatia pela instauração, através de uma revolução, de uma ditadura do proletariado.

voz de Jorge Veiga (1910-79), em gravação de 1955. A letra é uma crônica sobre a "alta sociedade", usando seus bordões e citando personagens emblemáticos como os colunistas Ibrahim Sued e Jacinto de Thormes. Bethânia gravou a canção em *Recital na Boite Barroco — ao vivo* (1968).

gal costa

[35]

DOIDECA

Uma piada com minhas idéias
sobre a relação entre vanguarda
e cultura de massas; melhor:
entre vanguardas e modas cultivadas
por minorias de massa. Fiz a música
no piano e depois fui pondo as
palavras. A letra é boa para o lance.
Muito sugestiva.

DOM DE ILUDIR

Fiz para a Maria Creuza. Ela me
pediu uma canção e eu fiz essa,
respondendo, ponto por ponto,
à canção "Pra que mentir", de Noel
Rosa. Gosto muito de "Dom de iludir"
por ter uma letra transfeminista.

DOMINGO

Uma valsinha. Aqui, Santo Amaro
aparece doce, sem putrificação.[20]
Se bem que é triste a segunda parte.

20. Ver o que Caetano diz a respeito da canção "Acrilírico".

DRAMA

Compus para Bethânia, para o disco
dela que eu produzi e para o qual dei
esse mesmo título, *Drama*.

É PROIBIDO PROIBIR

Foi aquele escândalo,
mas a canção, eu não achava
muito boa.[21] Acho fraca.

21. Ver o capítulo
"É proibido proibir",
Verdade tropical,
op. cit., pp. 207-307.

ECLIPSE OCULTO

É muito engraçada. Fala de uma
trepada que não deu certo.
É totalmente documental: "na hora
da cama nada pintou direito",
o disco do Djavan, tudo. Tanto que
a outra pessoa se lembrou direitinho
e disse: "Pô, você botou todos os
detalhes!". Outro dia, ouvi o Djavan
afirmando a mesma coisa que
o Chico já disse várias vezes:
"Minhas músicas não têm nada
a ver com minha vida, não procurem
semelhanças, elas não têm nada
de autobiográfico". As minhas, bem
ao contrário, são todas autobiográficas.
Até as que não são, são.

ELA E EU

É muito confessional e sentimental,
da época em que começaram a
aparecer os primeiros problemas que
levaram ao fim de meu casamento
com Dedé. Chorei muito no dia em
que fiz essa música.

ENQUANTO SEU LOBO NÃO VEM

Uma música muito política, do período tropicalista. É uma incitação às passeatas de protesto — "vamos passear, vamos passear na avenida" — e o verso "há uma cordilheira sob o asfalto" sugere a guerrilha, por causa de Sierra Maestra e de Che Guevara ter saído para a Bolívia. Presidente Vargas é invocado aos brados! Apesar do forte conteúdo político, os censores deixaram-na passar, porque não entenderam nada. No arranjo, Rogério Duprat[22] colocou a primeira frase do hino da Internacional Comunista, e ainda há um coro que repete "os clarins da banda militar", que vem de "Dora", a canção de Dorival Caymmi, que aqui remete à presença dos militares. Tudo isso junto explicitava ainda mais o conteúdo político da canção, mas a censura não entendeu. Aliás, a esquerda também não entendeu direito, ninguém entendeu muito bem, e quem entendeu fingiu que não.

22. Rogério Duprat (Rio, Rio de Janeiro, 1932) é regente, arranjador e compositor. Radicado em São Paulo, fundou, em 1956, a Orquestra de Câmara de São Paulo. Em 1961, passou a integrar o movimento de vanguarda erudita Música Nova, em São Paulo. No ano seguinte, aprofundou seus estudos na Europa com Pierre Boulez e Stockhausen. Responsável pela maioria dos arranjos para o histórico LP *Tropicália ou Panis et Circencis*, foi também o arranjador dos principais discos dos Mutantes.

ERRÁTICA

É uma grande canção, embora desconhecida, que fiz para Gal gravar. É um pouco uma resposta a uma agressão do Décio Pignatari, que disse

que os baianos tropicalistas eram
erráticos, diferentemente de Torquato
Neto, que era o verdadeiro intelectual
do Tropicalismo. Remotamente,
a canção ecoa isso.

ESCÂNDALO

Ângela Ro Ro me pediu uma música, e
como tinha havido uma briga entre ela
e a namorada, que terminou na polícia
e saiu nos jornais, fiz essa, aproveitando
o escândalo em torno do nome dela.

ESSE CARA

Bethânia havia me pedido uma música;
eu escrevi a letra e deixei pronta.
E como Macalé estava morando em
Londres comigo, porque estávamos
fazendo *Transa*, pedi a ele para botar
música e deixei a letra com ele. Pensei
que seria bom ter uma parceria nossa,
sobretudo porque era para Bethânia,
pois a Gal já tinha gravado uma música
dele com o Waly, "Vapor barato".[23]
Ele ficou muitos dias com a letra.
Um dia, de madrugada, ele veio do
quarto dele e disse assim: "Olha aqui,
eu não vou fazer isso não, porque
depois essa letra vai ficar com o meu
nome e eu não me sinto bem…".
Isso porque os amigos dele, cariocas,
podiam achar que aquilo era coisa

23. Sucesso do show
*Fa-tal / Gal a todo
vapor*, de 1971,
com direção musical
de Waly Salomão.
O álbum duplo que
o registrou, gravado ao
vivo, é do mesmo ano.

[39]

de veado, qualquer coisa assim!
Aí eu disse: "Tá bom, eu faço".
E fiz. Bethânia gravou e arrebentou.

ESTE AMOR

Fiz para Dedé. Acho uma canção
lindíssima, sobretudo a primeira
parte. Não considero tão boa a ponte
com a segunda parte. Não que
seja feia, é até bonita, mas quando
se canta, e muda o ritmo, fico com
pena, porque a primeira parte,
naquele ritmo e com aquelas palavras,
"se alguém pudesse ser um siboney",
é mesmo muito linda.
Eu comecei a canção a partir de
um texto de Kafka, um daqueles
textos curtos, que começa assim:
"se alguém pudesse ser um pele
vermelha e sair pelas pradarias".
Eu mudei para "siboney",
que são os índios que habitavam
a ilha de Cuba pré-colombiana.

EU TE AMO

Compus especialmente para a
Gal cantar em *Os doces bárbaros*,[24]
para ter extensão de voz. A idéia
de fazer o espetáculo foi de Bethânia.
Ela é decidida, chamou todo mundo
e nós paramos tudo o que estávamos
fazendo, as excursões, os projetos.

24. Em junho de 1976, dez anos depois do musical *Nós, por exemplo*, Caetano, Gil, Gal e Bethânia voltaram a se reunir no show *Doces bárbaros*, que estreou no Anhembi, em São Paulo, e percorreu outras dez cidades brasileiras. Depois de um compacto duplo gravado em estúdio com canções do show (julho) foi lançado um álbum duplo, gravado ao vivo (outubro). O espetáculo também foi registrado em filme, sob direção de Jom Tob Azulay.

GENTE

É uma letra ingênua. Quando eu
estava fazendo, achava uma loucura
aquela música, que parecia coisa de
Broadway, de musical de segunda.
No show *Transversal do tempo*,[25]
Elis Regina cantava "Gente"
como se estivesse debochando da
canção, com o arranjo servindo ao
deboche, e aparecia "Beba Gente"
escrito atrás, como se fosse
Coca-Cola. E ela fazia tudo como
se fosse um show de travesti, como
se fosse uma bicha. Depois, inclusive,
ela pegou aquele hábito de fazer show
feito bicha. Em *Trem azul*,[26] o último
show dela, ela apresentava os músicos
assim: "Os meus bofes, esse aqui...".
Parecia um espetáculo da Rogéria,[27]
era muito bom. A Elis ficou muito
melhor no final. Foi melhorando,
melhorando, melhorando. Ela era
boa musicalmente.
Um pouco antes de morrer,
ela me escreveu uma carta dizendo
que aquilo que ela tinha feito com
a minha música em *Transversal do
tempo* tinha sido idéia dos diretores
do show, que ela não queria, que,
por ela, não faria aquilo, e me pediu
desculpas.

25. O show estreou em
novembro de 1977,
no Teatro Leopoldina,
em Porto Alegre, com
roteiro e direção de
Aldir Blanc e Maurício
Tapajós. A estréia
carioca aconteceu em
março do ano seguinte,
no Teatro Ginástico,
onde ficou por três
meses. O disco com
segmentos do show
gravados ao vivo saiu
em junho de 1978.

26. O show estreou
em julho de 1981, em
São Paulo, e circulou
por diferentes casas
de espetáculo na capital
paulista e em outras
capitais, permanecendo
em cartaz até dezembro
do mesmo ano.

27. Nome adotado por
Astolfo Barroso Pinto,
a mais famosa
travesti do Brasil, atriz
e dançarina.

HAITI

Aqui, como em "O cu do mundo",
aparece uma visão da sociedade
brasileira como mera degradação
da condição humana. Claro que essas
cenas de pesadelo surgem em mim
num contexto de permanente
preocupação com a idéia de Brasil.
Tenho repetido que gostaria que
compositores e cineastas brasileiros
precisassem cada vez menos tomar
o Brasil como tema principal.
Sempre que penso isso, as canções de
letras mais pessimistas me parecem
mais desculpáveis do que as outras.
No caso de "Haiti", acho que a
abordagem da forma "rap" em
diapasão diferente, a força das imagens,
o pioneirismo de explicitar a
não-aceitação do massacre dos 111 presos
do Carandiru, em suma, o fato de eu ter
me antecipado aos melhores músicos e
poetas do hip-hop nacional que vieram
a atuar nos anos 90 são razões para eu
gostar especialmente dessa composição.
Ela foi feita para ser cantada com Gil
no disco *Tropicália 2* e inspirada por
situação vivida numa festa do Olodum
no Pelourinho. Fiz toda a letra e a
música do refrão, inclusive a relação
tonal entre o refrão e a harmonia que
acompanha as estrofes. Gil criou o "riff"
de violão que vai sob as palavras.

ITAPUÃ

É sobre mim e Dedé, por isso eu chamei Moreno[28] pra cantar comigo na gravação. Essa música me emociona, muitas vezes eu cantava e chorava.

JANELAS ABERTAS Nº 2

Fiz quando morava em Londres e mandei para Bethânia gravar. "Janelas abertas", que deu origem a ela, é de Vinicius e Tom.

JENIPAPO ABSOLUTO

Fala de Santo Amaro, como tantas outras. Há duas citações: a primeira é "aquele que considera", que cita letra e melodia de uma canção de Ataulfo Alves;[29] a segunda é "Rosa também", que recupera letra e melodia de "Mané fogueteiro",[30] um sucesso com Augusto Calheiros. Eu tinha citado noutras letras Irene, Clara, Nicinha, menos Mabel, que, quando eu era criança, era a minha irmã favorita, com quem eu mais me identificava e é minha madrinha de apresentação (eu a chamo às vezes Dinha). E ela reclamava disso. Enfim, ela, que faz poesia, apareceu aqui, aliada à poesia.
Mas a canção me emociona por outras duas coisas também. Primeiro,

28. Moreno (Salvador, Bahia, 1972) é filho de Caetano e Dedé.

29. "Infidelidade", samba em parceria com Américo Seixas, de 1947.

30. Samba-canção de João de Barro, de 1934.

[43]

o jeito como aparece meu pai: "Onde
e quando é jenipapo absoluto?/ Meu pai,
seu tanino, seu mel". Eu adoro isso.
Uma pessoa em São Paulo, descendente
de italianos, pensou que meu pai se
chamasse Caetano, porque os italianos
usam Tanino como apelido de Caetano,
de Gaetano. Não é o caso, pois aqui
"tanino" é substantivo comum. A letra
também fala de "prensa", porque meu
pai me chamava para ajudá-lo a prensar
o jenipapo numa prensa de madeira
para fazer o licor. Era sempre a mim
que ele chamava: "Caetano, vamos
prensar o jenipapo". Eu adorava fazer.
E adorava o licor, adoro ainda. Prensar
o jenipapo com meu pai me deixava
todo orgulhoso. Ele tinha certa
cumplicidade comigo numas coisinhas
assim. E algumas eram cruciais,
como essa, espremer o jenipapo.
Outro dado que me emociona é que
essa canção fala de minha identificação
com meu pai mas declara, em seguida,
que "minha mãe é minha voz".

JÓIA

Deu título ao disco. É um negócio
pequeno mas bonito. Fala de uma
menina específica, Claudinha
O'Reilegh. A gente ia ver o sol nascer
em Copacabana todo dia de manhã,
antes de dormir, e ela tomava coca-cola.

LIVROS

As palavras parecem dizer muita coisa
relevante quando a gente a canta.
Quando a gente pensa um pouco,
nada é mesmo relevante. Depois a
gente pensa mais e volta a desconfiar
de que talvez tudo seja relevante.
Nesse sentido, ela não é uma canção
sobre os livros, mas uma canção
sobre as canções. Eu tinha acabado
de escrever o longo livro *Verdade
tropical*. Estava pensando muito
no assunto da relevância da canção.

LOVE, LOVE, LOVE

Refere-se ao fato de que Pelé, quando
fez o milésimo gol, ou quando fez
um negócio no Cosmos, apareceu na
televisão e disse: "Love, love, love".
Mas também é uma resposta ao
Roberto Schwarz, quando diz
"absurdo, o Brasil pode ser um absurdo,
até aí tudo bem, nada mal, pode ser
um absurdo, mas ele não é surdo,
o Brasil tem ouvido musical".

LUA LUA LUA LUA

É uma das canções mais lindas do disco
Jóia. É pequena, é bonita. Eu adoro
"e mesmo o vento canta-se compacto
no tempo", porque tem a palavra

"compactua" antes. Também gosto de "estanca" e "branca, branca, branca", que têm o eco de alguma coisa de Haroldo de Campos, dos poemas dele que eu lia nos anos 60 e que traziam palavras como "estanco", "branco".

MÃE

É uma canção que nunca cantei em público. Primeiro, porque a considerava meio cafona, com uma letra muito lamentosa e subjetivista, pouco clara; hoje não acho. Em segundo lugar, tenho uma espécie de superstição, porque ela, de fato, nasceu de uma sensação de profunda tristeza, de quase depressão, e toda vez que eu cantava ela me provocava aquela tristeza, a mesma sensação. Então eu deixei de cantar. Gosto da letra, que diz "eu sou um rei que não tem fim", depois afirma "eu sou um homem tão sozinho", e diz, enfim, "sou triste, quase um bicho, triste". Gosto dessa gradação: "rei", "homem", "bicho".
A gravação de Gal é muito bonita.[31]

31. A gravação está no disco *Água viva*, de 1978.

MANHATÃ

É uma das minhas canções favoritas. Quando a escrevi, dediquei a Lulu Santos, porque lembrava de ouvi-lo repetir em Nova York, numa vez em que coincidiu de estarmos os dois lá: "Manhatã... Manhatã...". Achei emocionante porque logo me lembrei de uns versos do trecho do épico de Sousândrade que os irmãos Campos apelidaram de "O Inferno de Wall Street", em que a palavra Manhattan aparece tomada como um oxítono rimando com uma palavra portuguesa em "ã". Depois descobri que Leoni e Cazuza já tinham feito (e gravado) uma canção com título idêntico. Adoro a composição musical e acho a letra cheia de idéias boas, de ecos verdadeiros do meu sentimento por Nova York.

MARIA BETHÂNIA

Fiz em Londres. Gosto da seqüência "beta, beta, beta Bethânia', que no canto soa como *better*.

MENINO DO RIO

Fiz por encomenda da Baby Consuelo, que me pediu uma música para ela cantar para um cara que ela achava bonito, o Peti. Ele, um surfista aqui do Rio, era muito meu amigo, visitava muito a gente, andávamos juntos, íamos ao cinema. Ele foi lá em casa um dia, e enquanto conversávamos me lembrei do pedido da Baby. Eu estava com o violão e fiz a música assim, conversando

com o Peti e com Dedé na sala,
cantando baixinho, só pra mim mesmo,
e ficou pronta ali, em poucos minutos.
Então mostrei à Baby, que adorou e
gravou. Eu gravei também, porque
mostrei aos músicos da minha banda
e eles adoraram.[32]

32. Caetano refere-se
aos músicos de A Outra
Banda da Terra, grupo
que o acompanhou
desde *Muito* (1978)
até *Uns* (1983).
A gravação de "Menino
do Rio" está em *Cinema
transcendental*.

MEU BEM, MEU MAL

Fiz para Gal gravar. Tem um pouco
uma idéia do Cole Porter em "You're
the top". É uma pequena *list song*.

MICHELANGELO ANTONIONI

Adorei *L'avventura* quando o filme saiu.
Depois reagi ao esnobismo dos meus
amigos e conhecidos que, nos anos 60,
queriam desmerecer Fellini e para
isso exaltavam Antonioni. Reencontrei
muito da beleza de *L'avventura* em
A noite e *O eclipse*. Não estive entre
os mais entusiásticos fãs de *Blow up*.
Mas defendi *Zabriskie point* dos que
queriam negá-lo totalmente. Depois
vi (tardiamente) *O deserto vermelho* e,
finalmente, *Passageiro: profissão
repórter*, de que gostei tanto quanto
de *L'avventura*. Eu já tinha feito uma
canção chamada *Giulietta Masina* e,
por causa de minha notória admiração
por Fellini, um show para a fundação
que leva seu nome. Mas Federico

e Giulietta morreram sem que
eu pudesse chegar a conhecê-los.
Antonioni veio ao Brasil e eu, cinéfilo
e cineasta excêntrico, fui o único
convidado para os dois jantares que
dois cineastas divergentes (Cacá Diegues
e Júlio Bressane) lhe ofereceram.
O velho e eu gostamos um do outro
desde o primeiro jantar. Ele riu ao me
rever no segundo. Antonioni não fala
há anos, seqüela de um derrame
(Fellini morreu depois de um), mas
se comunica com grande vivacidade.
É um homem adorável e um artista
original e verdadeiro. Fiz essa canção
em italiano, uma língua que não
"domino", para, com pouquíssimas
palavras, reproduzir o clima que as
imagens de Antonioni despertam em
mim. Mesmo os italianos acham que
as palavras estão justas.

MINHA VOZ, MINHA VIDA

Acho uma das melodias mais bonitas
que eu já fiz. E a letra também é bonita.
Fiz para Gal, pensando nela, por causa
de sua voz, que é a coisa mais bonita
que ela tem. Mas tenho pena de não
ter trabalhado mais as palavras nas
frases longas. A única que está certa
é "que se pode crescer assim pra nós";
nas outras, as sílabas não são suficientes,
prosodicamente estão meio defeituosas.

Para uma música tão bem-feita,
eu deveria ter trabalhado mais tempo.
Mas acho que sempre faço assim, não
trabalho o necessário e, daí, nunca estou
satisfeito com o acabamento. No caso de
"Minha voz, minha vida", a qualidade
da composição exigia um acabamento
que, gritantemente, não foi buscado.

MUITO ROMÂNTICO

Fiz para o Roberto Carlos, que me pedia
canções. A primeira que fiz foi "Como
dois e dois", em Londres; ele gravou.
Depois fiz, e ele gravou também,
"Muito romântico" e "Força estranha".
Ele continuou me pedindo, e eu fiz mais
umas duas, que ele não gravou. Uma
delas se chama "Pele".[33]

33. A canção foi gravada
por Maria Bethânia em
Talismã (1980).

NÃO IDENTIFICADO

É sobre Santo Amaro, ou melhor,
sobre a lembrança de um amor imenso
que tive por uma menina de lá.
Alguém me contou que era, das minhas
músicas, a que meu pai mais gostava.
Ele nunca me disse isso, mas acredito.[34]

34. O pai de Caetano,
José Telles Veloso, morreu
em 13 de dezembro
de 1983, aos 82 anos.

NEIDE CANDOLINA

Neide é uma mistura de duas pessoas
pretas da Bahia. Uma é Neide, minha
amiga, que hoje em dia tem um

restaurante no Rio de Janeiro chamado
Iorubá. Eu a conheci quando ela tinha
dezoito anos. Quem me apresentou foi
um amigo, Antonio Risério, que é poeta
e ensaísta. Ele disse: "Você tem que
conhecer a Neide e o pessoal dela,
é uma gente maravilhosa, vamos ao
Zanzibar! Eu disse a ela que a gente ia
descer lá hoje". Então, descemos onde
ela morava, embaixo do restaurante
que pertencia à família dela. E, quando
chegamos, ela estava nua em pêlo!
Linda! Perfeitamente linda! Estava
ouvindo um disco do Djavan. Ela me
falou: "Você gosta do Djavan? Você quer
um pouquinho de coca-cola?". Assim,
totalmente social. Conversava, cruzava
as pernas, pegava as coisas, mostrava
revistas, comentava, mudava a faixa
do disco, nua, elegantíssima, social,
sem qualquer escândalo. Ela tinha
ficado nua em casa porque estava
calor em Salvador, e não tinha certeza
se Risério ia mesmo lá naquele dia.
Mas também não quis se vestir quando
chegamos, não se assustou. A outra
pessoa que entrou na composição de
Neide Candolina foi minha professora
de português, a mais importante
de todas, Dona Candolina. Então eu
misturei o nome das duas e criei uma
personagem negra, baiana, moderna.
O mais interessante é que aparece a
palavra *brown* aqui, que é uma palavra

que, na Bahia, era usada de modo
pejorativo. Nos anos 70, 80, dizia-se:
"está muito *brown* isso aqui; a praia
está muito *brown*", porque tinha muito
preto, era muito baixo nível, uma coisa
cafona e pobre. Os pretos se chamavam
de *brown* por causa de James Brown.
Por isso que Carlinhos Brown é
Carlinhos Brown, Mano Brown é Mano
Brown; tudo vem de James Brown.
E como os pretos se chamavam de
brown uns aos outros, a gíria pegou
e a classe média "branca" começou
a usar a palavra *brown* como quem
diz "cafona" na Itália.

NICINHA

Compus para minha irmã, que tocava
piano, e que era a pessoa mais musical
dentro da minha casa. Eu não tinha
o ouvido musical dela, que acabei
desenvolvendo com o trabalho. Nicinha
é minha irmã de criação e irmã de
sangue, biológica, de Edite do Prato,
que é extremamente musical também
e que pertence a uma família
mais musical do que a minha. É Eunice
Oliveira o nome dela.

NINE OUT OF TEN

A única canção que compus em inglês
de que realmente gosto.

[52]

NOITE DE HOTEL

Fiz em Lisboa, num hotel. Estava muito mal, deprimido e irritado ao mesmo tempo. Falo mal dos videoclipes da MTV que estavam passando, digo que são uma mera diluição do "sangue do poeta", numa referência ao filme de Cocteau,[35] do qual todos os videoclipes de rock-and-roll são uma contrafação de décima quinta categoria. Eu já achava, mas na hora senti aquilo com muita raiva.

35. *Le sang d'un poète* (1930).

NU COM A MINHA MÚSICA

Eu estava no interior de São Paulo, viajando, e fiz mesmo nu, com meu violão, sozinho, num quarto de hotel de uma cidade do interior.

O CONTEÚDO

Eu estava passando uns dias em Salvador, ainda estava meio preso, estava ainda exilado, e meu irmão me levou à casa de um sujeito fascinante, que também já tinha vivido em Londres, e que dava uns saraus. Era um ambiente gay, freqüentado por pintores, escritores, pessoas da intelectualidade baiana que eu conhecia. E ele, um homem já maduro, no final da noite punha um xale preto e cantava fados.

[53]

Pois ele pegou minha mão e disse
assim: "Vou ler sua mão". Eu fiquei
meio desconfiado, mas deixei. Ele disse:
"Isso aqui está marcado desde o
princípio dos tempos. Não tenha medo,
porque todo mundo vai mesmo morrer
um dia, e a vida é importante se ela
for boa, se ela for intensa, a questão
não é ser longa". Fui ficando agoniado.
E então ele falou assim: "Você vai
morrer daqui a dois anos e três meses!".
Uma coisa assim, bem nítida. Eu estava
muito vulnerável por causa da prisão e
do exílio, e fiquei muito impressionado
e também com raiva do cara fazer
aquilo. Na verdade, a bicha queria me
impressionar.
Quando chegou a data prevista
por ele, que coincidia com o
Carnaval de 1975, eu e Dedé fomos
para Santo Amaro e ficamos na casa
de meu pai e minha mãe, que sabiam
de toda a história. Eu disse:
"Não vou pra rua, não vou ficar no
meio da multidão com esse grilo,
pensando se é ou não é".
A canção fala de minha raiva e de
minha revolta contra a previsão dele.

O CU DO MUNDO

É uma amostra do asco que certos
aspectos da vida brasileira provocam
em mim. Uma notícia sobre

linchamento me trouxe a exasperação que aparece nessa letra. Muitas vezes um olhar realista sobre o Brasil pode nos levar ao pessimismo mais fundo. A canção é boa.

O ESTRANGEIRO

Arto Lindsay tinha me proposto produzir um disco meu, junto com Peter Schere, seu parceiro nos Ambitious Lovers. Mas eu já tinha engatilhada a produção do disco *Caetano* com Guto Graça Mello. Bob Hurvitz, do selo americano Nonesuch, que já tinha feito um disco meu em Nova York (um que leva meu nome, foi gravado em dois dias e tem faixas só com o violão ou com um pequeno grupo armado entre os músicos que me acompanhavam no show *Uns*), queria fazer um outro disco comigo lá. Eu botei os dois em contato. Daí nasceu *Estrangeiro*. É um disco de que muita gente fala bem. Eu gosto. Acho que pensei o título do disco e daí pensei em escrever a canção. Sempre soube que no título do disco o artigo definido não apareceria, mas no da canção, sim. É uma letra bonita. "Ara/ela"—"aro/elo", são um par de rimas interessante. E a lembrança de Dylan no final tem muita graça.

O LEÃOZINHO

Fiz para o contrabaixista Dadi,
um amigo que eu adoro.
Ele é lindo, e nessa época ele era
novinho, era lindíssimo. Ele é de
Leão, assim como eu.

O NOME DA CIDADE

Bethânia estava preparando
um espetáculo todo inspirado em
A hora da estrela, de Clarice
Lispector. Tentei fazer uma canção
de chegada ao Rio. Como sempre,
não busquei tempo para retrabalhá-la
bem. Entreguei achando-a ainda
insatisfatória. Depois, anos depois,
ouvi Adriana Calcanhoto cantá-la
e achei bonita. Na verdade fui tentar
cantá-la eu próprio, em casa, e fiquei
emocionado.

O QUERERES

A estrutura é tirada de cordel. Mas
também tem um pouco de "It ain't
me, babe",[36] de Bob Dylan, que diz:
"it ain't me you're lookin' for, babe".
Lá é diferente, mas alguma coisa
em "O quereres" lembra esse tema,
do homem que fala para a mulher:
"eu não estou onde você quer".

36. Canção do disco *Another side of Bob Dylan*, de 1964.

ONDE EU NASCI PASSA UM RIO

A graça está mais na melodia,
que é muito parecida com a de
"Upa neguinho", do Edu Lobo. Eu fiz
a música quando estava morando
na Bahia e, mais tarde, quando estava
em São Paulo, mostrei-a ao Edu e à
turma do *Zumbi*.[37] A peça ainda não
tinha estreado, eles estavam ensaiando
e as músicas eram completamente
desconhecidas. Cantei para eles e todo
mundo disse: "Parece 'Upa neguinho',
a música da peça!". Quando se canta
uma e outra, percebe-se a semelhança:
"Upa neguinho na estrada, upa pra lá
e pra cá...", "Onde eu nasci passa um
rio, que passa no igual sem fim...".
Mas a melodia de ambas também se
parece muito com um baião de Luiz
Gonzaga: "Helena, traga a sanfona...".

37. Marco da modernização do teatro brasileiro, o musical *Arena conta Zumbi* (1965), montagem de Augusto Boal, diretor do grupo paulista Arena, tinha música de Edu Lobo e texto de Gianfrancesco Guarnieri. Caetano fala de suas impressões sobre o espetáculo em *Verdade tropical* (op. cit., no capítulo "Bethânia e Ray Charles").

ONDE O RIO É MAIS BAIANO

Durante muitos anos seguidos, Jamelão
foi à festa de Iemanjá, em Salvador,
no Rio Vermelho.[38] Ficava em pé nas
pedras, todo de branco, jogava flores,
acompanhava o ritual. Eu era garoto
ainda, e o via ali. Todo mundo sabia
quem era. Diziam: "Jamelão...".
Mas ninguém importunava. Eu gostava
de ver aquele homem, que parecia
uma entidade.

38. O 2 de fevereiro consagrou-se como o dia em que todos os anos o povo se reúne na enseada do Rio Vermelho, que dá nome ao bairro, para levar presentes a Iemanjá, a Rainha do Mar, nos balaios arranjados pelos pescadores e mães-de-santo dos terreiros de Salvador.

[57]

OS MENINOS DANÇAM

É uma homenagem aos Novos Baianos,[39] que fizeram um show que eu adorei.

PETER GAST

É sobre um sujeito que foi importante na vida de Nietzsche. Quando li, anos atrás, o livro de Daniel Alevy sobre Nietzsche, que é muito bonito, fiquei fascinado pela personalidade de Peter Gast. Fiquei sabendo que ele foi músico e compositor a vida toda, que foi morar em Veneza e foi um amigo que, até o fim, não abandonou Nietzsche, que foi ficando louco e era intratável. Mas o trabalho de Peter Gast não ficou, ele não produziu nada de importante como músico e que o fizesse conhecido por isso. Peter Gast era como Nietzsche o chamava. O nome dele era Heinrich Köselitz. *Gast* quer dizer o hóspede, ou o visitante, ou o convidado. Então, eu não pude deixar de escrever a música, que veio inteira na minha cabeça. Fiz, mas depois pensei que era um negócio meio ridículo. Achava que era interessante, mas tinha vergonha, achava que ia ficar só para mim. Mas os meninos da banda acharam bonita a música, tocaram bonito, então eu gravei. Mas eu não falava muito no assunto, não dava muita atenção, pois continuava meio envergonhado por ser

39. Grupo vocal e instrumental formado, entre outros, por Moraes Moreira, Pepeu, Galvão, Paulinho Boca de Cantor, Baby Consuelo e Dadi. Foi criado em 1968, em Salvador, e no ano seguinte lançou o primeiro disco – *Ferro na boneca*. Em 1972, o disco *Acabou chorare* consagrou o grupo e sua linguagem musical, que sintetizava João Gilberto, o Tropicalismo e a música popular mais tradicional. O grupo acabou em 1979.

uma letra que falava de algo que eu
simplesmente li num livro. Mas também
me lembrava de Jorge Ben, que começa
a letra de "As rosas eram todas
amarelas", uma música incrível, com
uma lista de personagens de Dostoievski,
o adolescente, o ofendido, o jogador,
o ladrão honrado ("todos sabiam mas
ninguém falava, esperando a hora de
dizer, sorrindo, que as rosas eram todas
amarelas"), depois cita as *Cartas ao
jovem poeta*, de Rilke ("basta eu saber
que poderei viver sem escrever mas
podendo fazê-lo quando quiser").
Resolvi, então, considerar que eu estava
na tradição do Jorge Ben, que,
sem dar explicação, colocava na letra
algo vindo de uma leitura, referências
da alta cultura, usadas de uma maneira
intelectualmente não autorizada.
Mas, no meu caso, achava que não
ficava muito bem por eu ser um cara
com formação universitária, e pensava
que podia ficar meio cabotino. Bem,
deixei pra lá, não liguei; pensei um
pouco no exemplo de Jorge Ben mas
depois esqueci. Até que fui à Argentina
e, durante uma entrevista minha
à televisão, uma moça, que se chama
Silvina Garret, cantou "Peter Gast",
em português, com um pianista amigo
dela acompanhando. E ela cantou tão
bonito, tão bem, que a música ficou,
pra mim, salva para sempre.

PRA NINGUÉM

É uma lista do que eu gosto, uma lista quase acrítica. Só ao final é que surge o João, acima de tudo, como a atitude crítica que rege tudo o mais, até o gosto acrítico.

QUEIXA

Gosto muito. Fiz para Dedé. É uma canção sentimental. Fica bonita na página.

QUEM ME DERA

Fiz para Dedé quando eu morava em São Paulo, com saudades dela e da Bahia.

RAPTE-ME, CAMALEOA

Fiz para a Regina Casé, que numa peça do Asdrúbal[40] se chamava Camaleoa. É bem feitinha a letra. E tem de interessante o verso "rapte-me, adapte-me, capte-me, *it's up to me*", que traz uma rima bilíngüe.

RECONVEXO

Compus para Bethânia gravar. Eu estava em Roma quando um dia acordei e vi os carros empoeirados, todos cobertos de areia. Perguntei: "Gente, o que tem nesses carros aí?". Uns italianos, amigos meus, responderam: "Isso é areia

40. O grupo carioca Asdrúbal Trouxe o Trombone apareceu em 1974, fundado pelo diretor Hamilton Vaz Pereira e pelos atores Regina Casé e Luiz Fernando Guimarães. Humor, despojamento, irreverência e desconstrução da dramaturgia tradicional marcaram a linguagem do grupo desde o primeiro espetáculo, uma adaptação de *O inspetor geral*, de Nikolai Gogol (1974). *Trate-me Leão* foi uma criação coletiva, levada à cena em 1977. O grupo se manteve até 1983.

que vem do deserto do Saara, que o vento traz". Com essa imagem, comecei imediatamente a compor a música. A letra fala em "Gita gogóia" porque a letra de "Gita" diz "eu sou, eu sou, eu sou…" e porque a canção "Fruta gogóia" também se estrutura do mesmo modo "eu sou, eu sou, eu sou".[41] A letra é meio contra o Paulo Francis, uma resposta àquele estilo de gente que queria desrespeitar o que era brasileiro, o que era baiano, a contracultura, a cultura pop, todo um conjunto de coisas que um certo charme jornalístico, tipo Tom Wolf, detestava e agredia.

ROCK'N'RAUL

É uma homenagem crítica e autocrítica a Raul Seixas e à paixão brasileira pela cultura de massa norte-americana.

SAUDOSISMO

Bem do início do Tropicalismo, é uma das músicas que fiz logo que me mudei para São Paulo, depois de me casar. É tudo em torno de João Gilberto. É um acerto de contas com a Bossa Nova.

SETE MIL VEZES

"Eternamente o presente você me dando" é muito sugestivo.

41. "Gita", parceria de Raul Seixas e Paulo Coelho (gravada pelo primeiro no LP *Gita*, de 1974), diz: "Eu sou a luz das estrelas/ Eu sou a cor do luar/ Eu sou a beira do abismo/ Eu sou o medo de amar/ Eu sou o medo do fraco/ A força da imaginação/ O blefe do jogador/ Eu sou, eu fui, eu vou…", e a seqüência continua, estruturada do mesmo modo. "Fruta gogóia" é uma cantiga do folclore baiano que diz: "Eu sou uma fruta gogóia/ Eu sou uma moça/ Eu sou calunga de louça/ Eu sou uma jóia/ Eu sou a chuva que móia/ Que refresca bem/ Eu sou o balanço do trem/ Carreira de Tróia/ Eu sou a tirana-bóia/ Eu sou o mar/ Samba que eu ensaiar/ Mestre não óia". Gal Costa gravou essa canção em *Fa-tal – Gal a todo vapor*.

TÁ COMBINADO

É do período que eu comecei
a andar com Paulinha. Naquela
época, eu conversava muito com
Márcia Alvarez, uma amiga,
que trabalhava e viajava comigo.
Falávamos que não queríamos mais
esse negócio de amor, namoro,
compromisso, que nosso lema seria
sexo e amizade. Comecei a me
relacionar com a Paulinha um pouco
dentro desse pensamento, não sabia
o que estava acontecendo nem
para onde iria, então fiz a música.

TEMPESTADES SOLARES

É espetacular!

13 DE MAIO

A letra diz tudo. Santo Amaro é o único
lugar do Brasil onde a abolição da
escravatura é celebrada desde 1888.

TRILHOS URBANOS

Santo Amaro da Purificação é quase na
foz do rio Subaé, tanto que lá é comum
que se diga "lá em cima, lá embaixo",
ou "fulano mora lá em cima, mora lá
embaixo", embora a região seja plana,
pois a referência mais importante é

o rio, de modo que as coisas ficam rio acima ou rio abaixo. O cais do Araújo Pinho de que fala a canção era um cais de rio que ficava mais próximo do mar, mas havia outros, todos importantes, pois eram atracadouros de grandes saveiros que traziam mercadorias, sobretudo cerâmica de Nazaré das Farinhas, ou passageiros. O rio era navegável por saveiros consideráveis, que vinham até dentro da cidade, no meio mesmo da cidade.
Em *Capitães da areia*, de Jorge Amado, Pedro Bala pega um saveiro e vai sozinho para Santo Amaro, vem até o meio da cidade e fica no saveiro olhando as estrelas. O Jorge Amado escreveu isso em 1937, mas eu via esses saveiros chegarem quando era adolescente, com uns dezessete anos. O cais que recebia as cerâmicas de Nazaré ficava defronte do Clube Irapuru, onde havia funcionado o ginásio de Santo Amaro, um ginásio privado, antes do estadual ser inaugurado. Os saveiros atracavam junto da ponte sobre o rio Subaé, no local em que atualmente se chega quando se vem pela estrada de rodagem, onde também fica a estação de trem. Mais para baixo, passava o bonde, que era puxado a burro. Por isso a canção fala de Trilhos Urbanos, porque era esse o nome da companhia. Esses bondes eu usei até os dezenove anos, mais ou menos. Noutras cidades

[65]

maiores, aquilo era uma coisa do século
XIX, mas permaneceu em Santo Amaro,
pois eram lucrativos e atendiam bem
à população; não foram eletrificados e
se mantiveram até meados dos anos 60.
Santo Amaro também era ligada
a Salvador por uma linha de navios,
porque o rio Subaé abre num braço de
mar já na ponta da cidade, e o bonde ia
até o atracadouro do navio, o chamado
Porto do Conde. O bonde era a única
condução que levava quem chegava de
navio ao centro da cidade. Entre uma
coisa e outra havia uma usina de
álcool, tirado da cana-de-açúcar dali.
Em volta não existiam casas nem chão
onde construir, pois era um manguezal,
atravessado apenas pelos trilhos do
bonde. O Porto do Conde, que era de
cimento, deve estar lá, provavelmente
em ruínas, porque não é usado há
muitos anos. "Trilhos urbanos" é sobre
essas viagens de bonde.
A letra também faz referência a dois
tamarindeiros que ficavam na beira
do rio, no cais de Araújo Pinho, que
morreram ou foram derrubados,
e à visita que o imperador d. Pedro II
fez à cidade (a rua lá de baixo, que
ele certamente percorreu, passou a se
chamar Rua do Imperador). Foi uma
visita oficial a Santo Amaro, a primeira
cidade a exigir, por meio de sua Câmara
de Vereadores, a independência do

[68]

Brasil, e Cachoeira, outra cidade
heróica da independência. Em frente
à casa de Araújo Pinho, que era a
maior de todas, pois ele era o sujeito
mais rico da cidade (a casa está lá,
em ruínas, porque o Patrimônio não
a salvou, nem a cidade a salvou),
havia dois tamarindeiros. O que se diz,
e se consolidou como um folclore,
é que os cavalos do imperador ficaram
amarrados ali, e mais, que ele saltou
e fez xixi naquele lugar!
Há também uma menção a Gal, por
causa de um show dela que, no Rio,
foi considerado o máximo. Chamava-se
Gal Tropical.[42] Eu e Dedé fomos ver.
E não gostamos. Isso foi um problema
para nós dois, porque a imprensa
colocava o espetáculo nas alturas, todo
mundo adorava, todos os nossos amigos;
eu me lembro que Guilherme,[43] que
era o diretor, estava orgulhoso; lembro
também que Regina Casé achava que o
show era o máximo, dizia que era a coisa
mais linda do mundo, e todo mundo
achava isso. E eu e Dedé não gostamos,
achamos tudo posado, uma coisa falsa,
e o jeito de cantar muito pré-marcado.
Mas, no final, repentinamente, tinha
uma verdadeira epifania. Gal cantava
"Balancê"![44] Mudava a roupa, vinham
umas fitas coloridas, era uma coisa! Eu
fiquei muito emocionado. E nós
estávamos tão fragilizados por não termos

42. O show estreou
no Rio de Janeiro em
11 de janeiro de 1979,
no Teatro dos Quatro.
O LP com repertório
baseado no espetáculo
saiu em agosto do
mesmo ano.

43. Guilherme Araújo,
empresário, produtor
musical e importante
personagem do surgimento
do Tropicalismo.

44. Marcha de João de
Barro e Alberto Ribeiro,
de 1937.

gostado antes, que quando vimos aquele número, o "Balancê", a escolha da música, o jeito que ela cantava, aquelas fitas coloridas, eu e Dedé choramos. Eu chorei tanto de emoção, mais de uma hora seguida, que não conseguia falar com Gal depois. E fiquei com aquilo na cabeça. Tinha sido quase que uma experiência mística. Daí eu falar disso na canção. A canção é isso: Santo Amaro, o cais, a "pena de pavão de Krishna", "vixe Maria", Nossa Senhora da Purificação, Gal cantando o "Balancê", o bonde passando, tudo num momento só, atemporal, como num "cinema transcendental", como se fosse uma experiência mística.

TUDO DE NOVO

Fiz para cantar com a Bethânia.[45]
É uma celebração.

45. A gravação está em *Maria Bethânia e Caetano Veloso ao vivo* (1978).

TWO NAIRA FIFTY KOBO

Naira é o nome da moeda nigeriana. Kobo é a fração. "Two naira fifty kobo" é o preço que o motorista do ônibus que servia à delegação brasileira no FESTAC[46] atribuía a tudo que se lhe encomendava e terminou virando seu apelido. Ele punha ju-ju music pra tocar no toca-fitas do ônibus, que ficava estacionado em frente ao prédio tipo "Fundação da Casa Popular" que nos

46. Caetano e Gil, em janeiro-fevereiro de 1977, participaram do 2º Festival Mundial de Arte e Cultura Negra, em Lagos, Nigéria, onde passaram cerca de um mês.

[70]

abrigava (e que inspirou o termo "refavela"[47] a Gil), e dançava horas seguidas, sobre o asfalto da rua deserta. Ele era feio e magro, usava sempre aquelas roupas estampadas e dançava com os olhos fechados. Parecia um pierrô bêbado dos Carnavais baianos do início dos anos 60. Sua dança, no entanto, tinha essa graciosidade africana e transmitia doçura e melancolia.

UM DIA

É sobre querer voltar para Salvador.[48] Quando compus os versos "no rastro do meu caminho/ no brilho longo dos trilhos/ na correnteza do rio/ vou voltando pra você",[49] eles ecoavam, para mim, a letra lusitana escrita para "Mãe Preta", que é o "Barco negro",[50] que fala "no vento que lança areia nos vidros, na água que canta, no fogo mortiço, no calor do leito, nos barcos vazios, dentro do meu peito estás sempre comigo".

UM ÍNDIO

Essa canção me deixa orgulhoso por eu ter posto na letra o nome de Bruce Lee, naquela altura, e rimando com Muhammad Ali, Peri, Filhos de Ghandi. Para mim, isso vale a música.

47. O termo "refavela" deu nome a uma canção de Gil que diz ao final: "A refavela/ Batuque puro/ De samba duro de marfim/ Marfim da costa/ De uma uma Nigéria/ Miséria, roupa de cetim". A canção foi gravada no disco homônimo, de 1977.

48. Ver nota 8.

49. A canção recebeu, em 1966, o prêmio de melhor letra no 2º Festival de Música Popular Brasileira, da TV Record, de São Paulo.

50. "Barco negro" é a versão do poeta português David Mourão-Ferreira para a música de Caco Velho e Piratini. Apareceu pela primeira vez no filme *Os amantes do Tejo*, de Henri Verneuil, produção francesa rodada em Lisboa e Paris, com Daniel Gélin e Trevor Howard. No filme, Amália Rodrigues interpreta um pequeno papel e canta, além de "Barco negro", "Canção do mar".

UNS

É um maracatu. Acho que a letra
vai toda certa, de ponta a ponta:
"uns vão, uns tão, uns são, uns dão,
uns não, uns hão de". É tudo bem-feito,
letra e música.

VACA PROFANA

Estava na Europa e, atendendo a um
pedido de Gal, fiz essa canção de refrões
mutantes que são difíceis de memorizar.
Na verdade é também uma canção
sobre Gal. Ou melhor: procura
dialogar com a persona pública de Gal.
Tem muitas sacações bacanas.

VERA GATA

É totalmente autobiográfico. Conta a
história de uma menina de São Paulo
chamada Vera. Hoje ela é atriz,
chama-se Vera Zimermann.

VOCÊ É LINDA

Fiz para uma menina chamada
Cristina, de quem eu gostei muito
intensamente na Bahia, nos anos 80,
e que morava defronte à minha casa,
do outro lado da rua, em Ondina.
É uma canção bem romântica.

VOCÊ É MINHA

É para Paulinha. Era um negócio
que eu dizia pra ela quando a conheci.
Ela tinha um namorado e eu dizia
pra ela: "Mas você é minha!".

YOU DON'T KNOW ME

É uma daquelas músicas que fiz
quando morava em Londres, e a única
que eu aceito assim, transcrita com
tantas citações.[51]

ZERA A REZA

O principal aqui era criar uma canção
repetitiva que pudesse ser cantada a
quatro vozes e se sobrepusesse a uma
bateria dura, tipo hip-hop moderno,
a qual deveria acompanhar um
violão bossa nova tocando samba.
As palavras da letra são uma
brincadeira nada rigorosa com
inversões e espelhamentos.
São também um retrato sem retoque
da complicada e irresponsável
ansiedade com que encaro a questão
da religião. Sou irreligioso e mesmo
anti-religioso, mas tenho um
temperamento místico.

51. São três as citações
(ver os trechos
em *Letra só*): "Maria
moita", de Vinicius
de Moraes e Carlinhos
Lira; reza (tradição
oral), já citada por
Edu Lobo e Ruy Guerra
na canção "Reza";
"Hora do adeus",
de Luiz Queiroga
e Onildo Almeida,
sucesso na voz de
Luiz Gonzaga
(em *Óia eu aqui de
novo*, de 1967).

[75]

IDENTIFICAÇÃO E CRÉDITOS DAS IMAGENS

Todos os esforços foram feitos para localizar a origem das imagens e os artistas que as produziram. Nem sempre isso foi possível. A editora se compromete a creditar os responsáveis caso se manifestem.

p. 1 — Original manuscrito da letra de "Livros". *Arquivo pessoal.*

p. 4 — Caetano e irmãos, *c.* 1953. Atrás, da esquerda para a direita: Mabel, Clara Maria e Rodrigo. Na frente: Roberto, Maria Bethânia e Caetano. *Arquivo pessoal.*

pp. 12-3 — Vista urbana de Salvador, *c.* 1940-45. *Foto de Marcel Gautherot/Acervo Instituto Moreira Salles.*

p. 16 — Puxada do xaréu, Salvador, *c.* 1940-45. *Foto de Marcel Gautherot/Acervo Instituto Moreira Salles.*

p. 17 — Capa do disco *Noel Rosa. Desenho da capa: Di Cavalcanti. Reprodução autorizada por Elisabeth di Cavalcanti Veiga.*

p. 18 — *Aracy de Almeida. Foto reproduzida no encarte do disco* Noel Rosa.

p. 24 — Quarta capa do disco *Araçá azul* (1972). *Arte: Luciano Figueiredo e Oscar Ramos. Foto: Ivan Cardoso.*

p. 26 — Lavagem do Bonfim, Salvador, *c.* 1954-60. *Foto de Marcel Gautherot/Acervo Instituo Moreira Salles.*

pp. 28-9 — Carnaval/Filhos de Gandhi, Salvador, *c.* 1975-77. *Foto de Marcel Gautherot/Acervo Instituto Moreira Salles.*

p. 31 — Capa do disco *Domingo* (1967).

p. 35 — Capa do disco *Gal Costa. Arte: Gian.*

p. 36 — Capa do disco *Drama* (1972), de Maria Bethânia. *Foto: Lucinda Rato. Arte: Edinízio Ribeiro.*

p. 38 — Che Guevara. *Hulton Archive/Getty Images.*

p. 43 — Caetano e o filho Moreno, 1988. *Arquivo pessoal.*

p. 48 — Monica Vitti e Michelangelo Antonioni. *Hulton Archive/Getty Images.*

p. 53 — Jean Cocteau. *Hulton Archive/Getty Images.*

p. 55 — Capa do disco *Estrangeiro* (1989). *Pintura de Hélio Eichbauer para cenário da peça* O rei da vela, *de Oswald de Andrade, na montagem do Teatro Oficina, São Paulo, 1967.*

p. 56 — Desenho de Caetano Veloso para o encarte do disco *Bicho* (1977).

pp. 58-9 — Rio de Janeiro: Cristo Redentor e a praia de Botafogo vistos da Urca. *Foto de Márcia Ramalho.*

p. 62 — Regina Casé. *Fotograma do videoclipe de* "O estrangeiro" *(1989), dirigido por Caetano Veloso.*

p. 64 — Africano, provavelmente nagô de Òy.ó, escravizado na Bahia, *c.* 1880. *Foto de G. Gaensly/Acervo Instituto Moreira Salles.*

p. 65 — Bonde puxado a burro (Santo Amaro da Purificação). *Foto reproduzida no encarte do disco* Cinema transcendental *(1979).*

pp. 66-7 — Vista antiga de Santo Amaro da Purificação.

p. 69 — Caetano e Guilherme Araújo. *Arquivo pessoal.*

p. 71 — Bruce Lee. *Hulton Archive/Getty Images.*

pp. 72-3 — Caetano em aldeia Nioufoin, Costa do Marfim, 1975. *Foto: Fabrício Pedrosa. Arquivo pessoal.*

p. 74 — Capa do disco *Uns* (1983). Na foto, da esquerda para a direita, os irmãos Caetano, Roberto e Rodrigo. *Foto: Carlos Alexandre Salles Moreira. Arte: Oscar Ramos.*

p. 76 — Caetano em Londres, 1968. *Arquivo pessoal.*

[77]

Sobre o autor

Caetano Veloso nasceu em 1942, em Santo Amaro da Purificação, pequena cidade do Recôncavo Baiano. Em 1965, estreou em disco como compositor com a canção "É de manhã", gravada pela irmã, Maria Bethânia. Dividiu seu LP de estréia, *Domingo* (1967), com Gal Costa. Foi presença marcante nos grandes festivais de música dos anos 60, nos quais apresentou canções que se tornariam célebres, como "Alegria, alegria". Em 1968, gravou seu primeiro LP individual, *Caetano Veloso*, e participou do LP-manifesto do movimento tropicalista *Tropicália ou Panis et circensis*. Em abril de 1977, publicou *Alegria, alegria*, compilação de textos organizada pelo poeta Waly Salomão. Dirigiu, em 1985, o longa-metragem *O cinema falado*. Em 1997, publicou o livro *Verdade Tropical* (Companhia das Letras), no qual dá uma visão pessoal dos acontecimentos culturais do Brasil nas décadas de 60 e 70. Reconhecido mundialmente, é dos maiores nomes da história da nossa música, e ocupa posição de destaque como produtor e crítico fundamental da cultura brasileira.

Sobre o organizador

Eucanaã Ferraz nasceu no Rio de Janeiro, em 1961.
É poeta, autor de, entre outros, *Martelo* (Rio de Janeiro: 7 Letras, 1997) e *Desassombro* (Rio de Janeiro: 7 Letras, 2002; Prêmio Alphonsus de Guimaraens, da Biblioteca Nacional, melhor livro de poesia de 2002).

É professor de literatura brasileira na Universidade Federal do Rio de Janeiro, onde obteve título de mestre com a dissertação "Drummond: um poeta na cidade" (1994), e se doutorou com a tese "Máquina de comover: a poesia de João Cabral de Melo Neto e suas relações com a arquitetura" (2000). Tem ensaios e poemas publicados em revistas de literatura e arte, sites e jornais do Brasil e do exterior.

Na *web*: http://www.eucanaaferraz.com.br

Copyright © 2003 by Caetano Veloso
Copyright da organização, nota introdutória e notas © 2003 by Eucanaã Ferraz

Capa e projeto gráfico
RAUL LOUREIRO

Foto da capa
MARIO CRAVO NETO

Pesquisa iconográfica
EUCANAÃ FERRAZ
RAUL LOUREIRO

Preparação
BEATRIZ DE FREITAS MOREIRA

Revisão
OTACÍLIO NUNES
RENATO POTENZA RODRIGUES

Dados Internacionais de Catalogação na Publicação (CIP)
(Câmara Brasileira do Livro, SP, Brasil)

Veloso, Caetano, 1942-
 Letra só ; Sobre as letras / Caetano Veloso ; organização Euca
naã Ferraz. — São Paulo : Companhia das Letras, 2003.

 Obra em 2 v.
 ISBN 85-359-0429-8

 1. Música popular - Brasil - Letras 2. Poesia brasileira 3. Velo
so, Caetano, 1942- I. Ferraz, Eucanaã II. Título: III. Título: Sobre as
letras.

03-5529   CDD-781.630981

Índices para catálogo sistemático:
1. Letras : Música popular brasileira 781.630981
2. Música popular brasileira : Letras : 781.630981

[2003]
Todos os direitos desta edição reservados à
EDITORA SCHWARCZ LTDA.
Rua Bandeira Paulista 702 cj. 32
04532-002 — São Paulo — SP
Telefone (11) 3707-3500
Fax (11) 3707-3501
www.companhiadasletras.com.br

Esta obra foi composta pelo Estúdio O.L.M. em
Walbaum e impressa pela Geográfica em papel pólen soft
para a Editora Schwarcz em novembro de 2003